管理者自测题

管理是一场比知识、比能力、比心理、比体力的综合性考试。如何赢得这场考试，在于你是否能做出最佳的取舍。本书具体阐述了管理者应具备的基本素质和必要能力，试图通过对两套管理测试题的研究和解析，抛砖引玉，介绍处理这些问题所遵循的方法和规则，并且使管理者在实际工作中少走或不走弯路，管理好自己应该负责的事情，提高工作效率，使公司更好、更快发展。

管理者自测题

适合你的管理，才是好的管理

管理者自测题

MANAGERS SELF-TEST QUESTIONS

刘　啸◎著

企业管理出版社
ENTERPRISE MANAGEMENT PUBLISHING HOUSE

图书在版编目（CIP）数据

管理者自测题 / 刘啸著 . -- 北京 : 企业管理出版社 , 2016.2

ISBN 978-7-5164-1192-6

Ⅰ . ①管… Ⅱ . ①刘… Ⅲ . ①管理学 - 习题集 Ⅳ . ① C93-44

中国版本图书馆 CIP 数据核字 (2016) 第 007642 号

书　　名: 管理者自测题
作　　者: 刘啸
责任编辑: 尤颖 田天
书　　号: ISBN 978-7-5164-1192-6
出版发行: 企业管理出版社
地　　址: 北京市海淀区紫竹院南路 17 号　　邮编 :100048
网　　址: http://www.emph.cn
电　　话: 总编室（010）68701719 发行部（010）68701816 编辑部（010）68701408
电子邮箱: 80147@sina.com
印　　刷: 北京时捷印刷有限公司
经　　销: 新华书店
规　　格: 170 毫米 ×240 毫米　16 开本　16.5 印张　180 千字
版　　次: 2016 年 2 月第 1 版　2016 年 2 月第 1 次印刷
定　　价: 38.00 元

前 言

你会不会觉得，管理是门很玄奥的学问，不是普通人能掌握的?

其实，管理没多大点事儿！从实践中来，向细节中去，很多管理概念一点就破。

有人说，人生就是在做一道道试题。这些试题有容易的，也有难的；有做对的时候，也有做错的时候。有的时候，根本就没有标准答案，只是看你如何抉择，选取一种你认为最适合的答案。

其实，管理何尝不是如此。我们在管理中，也会碰到各种各样的试题。如何去解答这些试题，使你的管理方式更趋完善，是每一个管理者应该思考的问题。

本书精心设计了两套管理能力测试题，分为单项选择、不定项选择、阅读理解、论述四种题型。

第一套试题主要面对的是公司和企业的中、高层管理人员，以及正在努力成为中、高层管理人员的普通员工；第二套试题主要面对的是公司和企业的高级管理人员及老板，还有希望成为高级管理人员或老板的人。当然，这只是一个粗略的划分。事实上，这里的每道题不仅对管理人员，甚至对每个人都会有所启示。

人生中有的试题根本就没有标准答案，只是看你如何抉择。管理同样如此。虽然在每套试题后面都附了参考答案和答案解析，但正如其名，只是“参考”而已。每个人的性格、观念、生活方式都各不相同，对问题的看法也是仁者见仁、智者见智。并且，这些试题本身也并没有标准答案，我们所选择的只是一个在特定环境下最适合的答案。相信这些答案及解析会对你学会如何管理或是完善自己的管理方式有所裨益。

管理是一场比知识、比能力、比心理、比信心、比体力的综合性考试，如何赢得这场考试，在于你做出最佳的取舍。

本书针对每道题都进行了深入浅出的解析，具体阐述了管理者应具备的基本素质和必要的能力。我们试图通过这些试题，抛砖引玉，介绍处理这些问题所应遵守的方法和规则，并且使管理者在实际工作中少走或不走弯路，管理好自己应该负责的事情，提高工作效率，使公司得到更快地发展。如果每个读到这本书的人都能从中得到一点儿对管理或者对人生的启示，那就达到我们的初衷了。

目 录
PREFACE

◎ 管理能力测试题 ◎

◎ 管理理念测试题 ◎

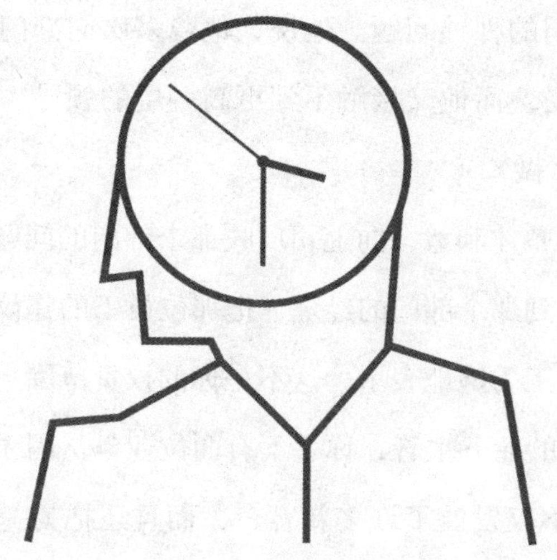

管理能力测试题

一、单项选择

1. 你是一位部门经理。有一天，另外一个部门的一位员工找到你，向你诉说他们部门的种种问题。他说，他曾多次向部门经理提出建议，但部门经理不接受，而他又接触不到更高一层的领导。他希望你能帮帮他。这时你会怎么做？（　　）

A. 为了公司整体利益，向上司反映那个部门的问题

B. 私底下找到那个部门的经理，把那位员工的建议告诉他

C. 向那位员工委婉地表示，这不是你的权责范围

2. 你是公司的业务主管，你手下有两位业务员因矛盾而产生竞争，其中一位业务员不仅发展了许多新客户，而且还把另一位业务员的许多客户也挖到自己这边。按照公司规定，这种同事之间的恶意竞争要受到处罚。这时你会怎么做？（　　）

A. 按公司规定办事，处罚那个恶意竞争的业务员

B. 虽然那个业务员违反了规定，但他的业绩的确很出色，功过相抵，不进行处罚

C. 一方面对他违反规定进行处罚，另一方面对他出色的业绩进行奖励

3. 你是公司的主管，正在和另一位主管竞争经理的职位。就在这时，那位主管在工作中出现了一个失误。老板来询问你这件事的时候，你会怎么办？（　　）

A. 说出你知道的情况

B. 表示不知情

C. 建议老板问其他人

4．你们公司决定举办一个同事联谊活动，偏偏不巧的是，那天刚好是你妻子的生日。你认为下面哪种做法最不可取？（　　）

A．请假回家陪妻子过生日

B．劝妻子换个时间庆祝生日，去参加联谊活动

C．说服妻子一起去参加活动

5．你是公司的一位经理，你的两位同事正在竞争副总经理的职位。那位在竞争中暂时处于下风的同事来找你，让你支持他。这时，你会怎么做？（　　）

A．表态支持来找你的同事

B．支持在竞争中处于上风的同事

C．保持中立

6．你是公司的部门主管。有一天，你叫一位下属写份报告给你的上司。由于时间紧迫，报告写完后你没看就叫下属直接交给了你的上司。而你的上司看完报告后，怒气冲冲地进入你们的办公室，无视你的存在，把这份报告扔到那位下属面前，指着他说："你写的是什么报告？你还想不想干了？"此时，你会怎么做？（　　）

A．站出来说："是我让他写的，责任由我来负!"

B．不打断上司，等上司走后安慰一下下属

C．为了表示不是你的责任，跟上司一起指责你的下属

7．你是公司的销售主管，尽管你尽了最大的努力，但由于市场的原因，到年底还是没有完成销售任务。这时，老板叫你向他述职。你会怎么向老板交代呢？（　　）

A．向老板强调客观原因——市场

B. 检讨自己工作中的不足

C. 表示明年肯定完成任务

8. 你是一位公司的部门经理，有一次你发现一位下属在电脑上制作了一个用锤子砸你脑袋的小游戏，并且把这个游戏发给其他的同事。这时，你会怎么做？（　　）

A. 装作不知道，让员工有一个发泄压力的途径

B. 找到那位下属，向他了解这么做的原因，找出解决矛盾的办法

C. 装作不知道，然后借故颁布一个规定，禁止在公司的电脑上玩游戏

9. 你是一位部门主管，某天，公司需要你们部门下班后留下来加班，但是你已经和一位好久没见面的老朋友约好聚一下。这时，你会怎么做？（　　）

A. 赶紧将你的分内工作做好，然后去赴朋友的约

B. 和朋友另外约定聚会的时间，等到所有的下属做完工作后再离开

C. 把工作给各位下属分配妥当，然后去赴朋友的约

10. 你是一位部门经理，你下面的两名员工在工作中出现了失误，按照公司的规章制度，应该对他们给予处罚。但是，其中一名员工是老板的亲戚，老板平时挺照顾他的。这时，你会怎么做？（　　）

A. 按公司的规章制度办事，该处罚的就处罚

B. 向老板请示

C. 找到那名员工，告诉他将给他一次改正的机会，如果下次再出现失误则绝不放过

11. 你是一位销售部门经理，有一次公司派你们部门去参加一个贸

易洽谈会。在贸易洽谈会上，你的一位下属表现得很出色，发展了几位大客户。回到公司后，老板很高兴，私下找你谈话，认为你能力很强，决定升迁你。但你知道这次成功并不是你的功劳，而且如果让老板知道了，那位下属很可能会取代你的职位。这时，你会怎么做？（　　）

A．反正老板也不了解情况，就把功劳放到自己身上

B．自己是销售部门的主管，再大的成绩都是在自己的带领下取得的，觉得问心无愧就行

C．向老板实事求是地说明情况，但也应该强调这是整个部门齐心协力的功劳

12．你是公司的部门副经理，而你们部门经理的能力并不比你强，只是资历比你更老而已。有一次，公司要你们部门策划一个活动。部门经理交给你一个策划方案，你看了之后认为这个策划方案远远比不上你的方案好，而且花费的成本和时间都要更多。这时，你会采用哪个策划方案呢？（　　）

A．采用自己的策划方案

B．采用经理的策划方案

C．以自己的方案为主，经理的方案为辅

D．以经理的方案为主，自己的方案为辅

13．你是公司的采购主管，在确保产品质量达到标准且价格低于其他供应商的情况下，你选择了一位客户成为了你们公司的供应商。事后，那位客户私底下送给你一笔佣金表示感谢，并且保证这件事只有他和你两个人知道。这时，你会怎么办？（　　）

A．在确保只有你们两个人知道的情况下，收下那笔佣金

B．那位客户能成为你们公司的供应商，是因为他的产品在质量和价格上的确有优势，而不是你徇私舞弊的结果，收下也没关系

C．收下佣金，然后交给公司

D．坚决不收佣金，如果客户一再坚持，可以跟他说："就算我们交个朋友吧！朋友之间互相帮忙，就不要谈钱的事了。"

14．你是公司的销售主管，有一次你跟随新来的下属去拜访一位老客户，老客户当着你和新下属的面，不客气的指责上个月售后服务不到位，言下之意就是说这个新来的下属做事不行。这时候你应该怎么做？（　　）

A.当面质问你的下属，问他为什么会这样？然后当着客户的面严厉批评下属

B.跟老客户开玩笑，说都是老关系了，别在意那么多

C.先跟老客户说声对不起，然后解释一下为什么，就说新来的下属业务上还不熟练，一定会尽快的适应工作，下不为例

二、不定项选择

15．你是公司的部门主管，你要去完成一项重要的工作。这项工作你一个人完成不了，还需要再挑3个人协助你。你可以从本部门挑选，如果你觉得本部门的人不适合，也可以从别的部门挑选。现在你们部门有以下3名员工：

小王，工作能力很强，也很有热情，但性格急躁，容易冲动；

小李，工作很勤奋，做事很谨慎，但工作能力平平；

老刘，公司老员工，很有经验，工作踏实，但思维有点僵化。

你可以从这3人中挑选1个，或2个，或3个，也可以一个也不挑。如果没有达到3个人，你可以从别的部门再挑选人员。这3个人中，你会挑

选哪个人呢？（　　）

A．挑选小王

B．挑选小李

C．挑选老刘

D．一个也不要

16．你是公司的销售部门经理，公司要求你制定一个部门的销售业绩目标。为此，你召集部门全体员工开会，一起商讨该如何制定销售目标。会议上，大家众说纷纭：

甲说："目标要有长期性，我建议以一个年度为一个目标段，这样有利于大家一直保持着前进的动力。"

乙说："目标太长远会使人产生压力太大的感觉，我建议以一个月为一个目标段，这样有利于增强大家的成就感，使大家工作起来更有激情。"

丙说："目标太长或太短都不好，我认为可以折衷一下，以一个季度为一个目标段。"

你同意哪个员工的观点呢？（　　）

A．甲

B．乙

C．丙

17．你是公司的行政办公室主任，你手下有三名下属：

办公室副主任，一向对你不满，一直想取代你的位子；

打字员，和你私交很好，在工作、生活中都帮了你很多忙；

打扫卫生的清洁工，是公司职位最低的员工。

中秋节临近，公司决定给每名员工发一箱苹果。不巧的是，分给你

们部门的四箱苹果中有一箱因为在运输途中出现问题，有一部分已经烂掉了。你本来想抽签决定，但你知道，如果这箱苹果被副主任分到了，有可能使你们的关系更加紧张；如果被打字员分到了，他可能会对你产生不满的情绪；而你的妻子知道你们公司分苹果，嘱咐你带一箱好的回去，准备送给你的岳母。在这种情况下，你认为下面哪种做法可行？（　　）

A．把那箱苹果分给清洁工

B．把那箱苹果分给自己，然后再买一箱好的带回家

C．将四箱苹果集中到一起，好的、坏的搭配着分成四份，每人一份

18．你是公司的人力资源主管，有一个为公司工作了20多年（再过几年就要退休）的老员工，因为在工作中出现重大失误，给公司造成了损失，按照公司制度他应该被开除。老板说这件事由你决定。在这种情况下，你认为下面哪种做法可行？（　　）

A．规章制度既然制定出来，就必须遵守。那位员工既然犯了错误，就应该开除

B．这位员工已经为公司工作了20多年，而且又快要退休了，应该给他一次机会

C．还是要按规章制度办，但可以给他一定的经济补偿

19．你是一家消费品公司策划部的主管，公司开发了一项新产品。你的上司——策划部经理让你策划一个新产品的推广方案。你会怎么做这个方案呢？（　　）

A．向上司——策划部经理请教，听听他的意见

B．召集下属开会，听听他们的观点

C．到商场里去征求销售人员的意见

D．做一个市场调查，了解消费者的想法

三、阅读理解

20．公司年终的绩效考评结束了，小王的绩效考评分数低于她的同事小何。

小王和小何是同时应聘进入这家公司的，两个人又被分配到同一部门，做着同样的工作。这是她们进入公司后接受的第一次绩效考评，而且这一次的绩效考评结果，可能会影响到下一年度谁能够被提升的问题。

从进入这家公司开始，小王一直勤勤恳恳地努力工作，并希望自己的付出能够得到上司的认可。并且，无论从学历还是从工作能力方面来讲，小王都自认为优于小何。这一考评结果令小王产生了困惑。

这时，邻座的电话响了，电话铃声不由得使她想起了一件事情。刚刚进入这家公司后不久的一个周末，她和小何两人都在加班，因为有事情需要请示领导，所以小何拨通了上司家的电话。刚开始接电话的可能是上司家5岁的儿子，上司接了电话后，小何并没有直接谈工作，而是先问："刚才接电话的是亮亮吗？真可爱，让他再和阿姨说几句话！贝贝在叫啊，是不是着急让你带它出去了？"小王觉得奇怪，她怎么会知道上司儿子的名字？"贝贝"又是谁？

事后她才知道，"贝贝"原来是上司家的一条宠物狗。小王当时的感觉是这件事情很无聊，也很浪费时间，如果是她打电话，一定会直接和上司谈工作，别人的儿子和狗与工作又有什么关系？

现在小王开始明白了，自己恐怕是在人际关系方面出了问题，不仅仅是和上司，和同事之间也是这样。因为自己过于关注工作，忽视了和同事之间的这种沟通，并且在工作中过于认真的态度，也可能会令同事感觉紧张，会给人不够随和的感觉。但是，人际关系和工作质量有什么关系呢？小王自认为自己的工作质量和业绩是无可挑剔的，自从到了公司以来，承担了大量的工作，并且工作一直勤勤恳恳，这也是有目共睹的。为什么最后的考评结果仍然很低呢？毕竟人际关系也只是考核内容中的一方面而已呀？是不是搞好人际关系是考评的大前提？如果是这样的话，也许自己和公司的想法是不一样的。那么究竟是应该适应公司的这种方式，改变自己的个性，还是应该考虑重新找工作呢？

对绩效考评结果产生困惑的不只是小王一个人。广告部的员工因金融部员工的成绩普遍高于自己而不满，而公司里有些年纪较大的员工也认为他们的成绩低于年轻人是因为上司认为自己年纪大，绩效就一定低。

绩效考评结束了，公司却开始变得不平静了。员工的这些抱怨也传到了老总的耳朵里，他在思考，究竟问题出在哪里？

问题：

（1）为什么小王会得到这样的绩效考核结果？

（2）公司里其他员工对绩效考核结果的抱怨产生的原因是什么？

（3）在绩效考评中如何避免以上问题的发生？

21. 公司质量管理部经理老吕在质量管理的总体目标、步骤、措施等方面与公司主要领导人有不同看法。老吕认为，质量管理的重要性在公司领导中并未得到充分重视；公司领导则认为，他们是十分重视产品质量问题的，只是老吕在质量管理方面并没有按领导的意思去做。最近一段时间，这种矛盾呈现激化现象。一天上午，老吕接到公司周副总的电话，通知他去北京参加一个为期10天的管理培训班。老吕则认为自己主持的质量改进推进计划正在紧要关头，一时脱不开身，公司领导应该是知道这个情况的，他们做出这样的安排显然是不支持甚至是阻挠自己的工作。因此，老吕不仅拒绝了领导的安排，还发了一通脾气。公司周副总也十分恼火，认为老吕太刚愎自用。双方不欢而散。

问题：

（1）你认为这里出现沟通失败最主要的原因是什么？

（2）如果你是总经理，你会怎么解决这个问题？

（3）你认为有什么方法可以避免类似事情以后不再发生？

22. 2004年7月，奥克斯被CECA国家信息化测评中心评为“中国企业信息化标杆工程”。因为让很多大型企业头疼的信息化建设，特别是企业资源计划（简称“ERP”管理），在奥克斯实施成功了！

奥克斯集团经过十几年的高速发展，已成为我国电力行业和家电行业具有较强竞争力的大型企业集团。随着内部管理问题的日益显现，奥克斯高层认识到：要把事业做大做强，管理工具也要与时俱进！

成功实施ERP后，奥克斯完全实现了管理透明化和资源共享，企业内部的产、供、销、人、财、物等各环节实现电脑化、集成化，工作效率大大提高。

高达80%的国内企业在应用ERP时以失败告终。奥克斯的成功之道，非常值得其他企业借鉴。从提升企业竞争力和解决企业实际问题入手，这是奥克斯成功的第一步！目前中国企业能做到这一点的不多，许多企业实施ERP项目是跟风，或者是“面子工程”“政绩工程”。

奥克斯成功的另一个重要原因，是将ERP真正做成了“一把手工程”。公司总裁亲自参与了项目的选型、调研等全过程，并将“一把手”工程的含义延伸到公司的总经理、部门经理，让每一个领导的责、权、利均与信息化工作挂钩。奥克斯还颁布《总裁令》，赋予ERP项目经理以特权，调派业务关键人员全职参与ERP项目的调研、设计及实施，任何与ERP项目有冲突的工作都必须为ERP让路，让每一位员工都认识到ERP项目对企业发展的重要性。

问题：

（1）你认为为什么会有高达80%的国内企业在应用ERP时以失败而告终？

（2）你认为从奥克斯实施ERP的行动中体现出一种什么精神？

（3）你认为在现在激烈的市场竞争中，这种精神有什么作用？

四、论述

23. 现在在北大、清华等名校有这样一个现象：每到周末，都有许多豪华轿车停在教学楼前。原来，这些豪华轿车的主人都是一些公司的高级管理人员，他们利用周末的时间参加各种管理方面的培训班。你如何看待这种现象？

24. 你曾经在一家公司工作，但是表现并不出色，公司也认为你不适合这份工作，劝你辞职。辞职后，你找到了新的工作，但是过了一段时间你发现，其实原来的公司才是真正适合你的。经过这段时间的工作和充电，你认为自己在经验和能力上都已经能够做好原来那份工作。恰好原来那家公司这个时候又在招聘了，你会去应聘吗？谈谈你的想法。

管理能力测试题参考答案

一、单项选择

1. C　2. C　3. A　4. C　5. C　6. A　7. B　8. B

9. B　10. A　11. C　12. D　13. D　14. C

二、不定项选择

15. ABC　16. ABC　17. BC　18. B　19. ABCD

三、阅读理解

20. 略

21. 略（提示：相互信任）

22. 略（提示：务实）

四、论述

23. 略

24. 略

不要侵入他人“领地”

1．你是一位部门经理。有一天，另外一个部门的一位员工找到你，向你诉说他们部门的种种问题。他说，他曾多次向部门经理提出建议，但部门经理不接受，而他又接触不到更高一层的领导。他希望你能帮帮他。这时你会怎么做？（　　）

A．为了公司整体利益，向上司反映那个部门的问题

B．私底下找到那个部门的经理，把那位员工的建议告诉他

C．向那位员工委婉地表示，这不是你的权责范围

这道题答案选C（向那位员工委婉地表示，这不是你的权责范围），此题是提醒你不要超越自己的权责范围，不要侵入他人“领地”。

大多数动物都有“领土”意识。像狗，它们四处撒尿，这就是在划定自己的领土范围，警告别的狗别越界闯入。如果有只狗闯入自己的领域，它便会上前将“闯入者”赶走。不仅狗如此，连蝴蝶也有这种行为。

“领土意识”其实就是一种自卫意识，人有没有这种意识呢？当然

也有，只是与动物的表达方式不同罢了。

人最基本的领土意识就是对于家庭。谁若未经同意闯入他人家里，轻则遭责骂，重则恐怕要遭一顿追打。不过犯这种错误的人不多，倒是很多人在办公室内会忽略了这点。

在办公室里侵犯别人“领土范围”的行为有：未经同意就坐在同事的桌子或椅子上、坐在管理者的办公室里，以及到其他的部门聊天等等。

你不要以为这没什么，或是有“我又没有什么坏念头”的想法。事实上，你的举动已经侵犯到了别人的“领土”，使对方感到不快。这种不满也许不会立即表现出来，也不会像狗或蝴蝶那样，把闯入者“驱逐出境”，但这种不快会藏在对方的心底，并对你产生了坏的印象，甚至对方还会怀疑——他对我到底有什么企图？是来偷东西的吗？或是来刺探什么？你不能怪别人这么想，因为有这种想法是非常自然的，换成你，你也会如此！

所以，别人工作的地方，没有必要时，请不要随便靠近。

不要超越自己的权限。这主要指两个方面的权限：第一，不要对不是自己的下属下命令。每个员工都有自己的直接上级，你如果不是他的直接上级，就不应该直接给他下命令。如果你确实需要该员工做一些工作，可以去找他的直接上级，通过直接上级来给他下命令。第二，不要对部门职责以外的事情下命令。每个部门都有自己的工作职责，你不应该命令自己的下属去做其他部门职责中的事情。逾越了这个界限，会给公司的整个管理造成混乱，甚至部门与部门之间、下属和上级之间还会出现矛盾冲突。

不要没事就到别的部门去聊天，因为这会对那个部门的管理者造成一种“侵犯领土”的不安全感，就算你是纯属聊天也不行，因为在他的部门里，他是唯一的权力象征，你无缘无故地出现，就好像要与他争夺权力似的。当然，谈公事时例外，但应只限于管理者和管理者之间的接触，不要随意去接触他的下属。

如果你下面有几个部门，你也要尊重这些部门中的小管理者，不要以为你是大管理者，就可以没事时到其他部门去聊天，除非那个部门的管理者也在现场。偶尔为之无妨，长期如此，小管理者心里就会不舒服了。

这种领土意识看起来很无聊，但在人性丛林之中却是存在的，如果你不注意而侵犯别人的领土，就会惹出你未曾预料的麻烦。

做好你分内的工作吧！

赏罚严明，激励人心

2．你是公司的业务主管，你手下有两位业务员因矛盾而产生竞争，其中一位业务员不仅发展了许多新客户，而且还把另一位业务员的许多客户也挖到自己这边。按照公司规定，这种同事之间的恶意竞争要受到处罚。这时你会怎么做？（　　）

A．按公司规定办事，处罚那个恶意竞争的业务员

B．虽然那个业务员违反了规定，但他的业绩的确很出色，功过相抵，不进行处罚

C．一方面对他违反规定进行处罚，另一方面对他出色的业绩进行奖励

这道题答案选C（一方面对他违反规定进行处罚，另一方面对他出色的业绩进行奖励），这是提醒你在管理中要赏罚严明。

奖励是正面强化的手段，是对某种行为给予肯定，使之得到巩固和保持；惩罚则属于反面强化，是对某种行为给予否定，使之逐渐戒除。这两种方法，都是管理者管理下属不可或缺的手段。

人在日常工作中总会有所长，也会有所短；既会有优点，也会有缺

点。这是完全正常的。奖励的目的是为了调动人的积极性，提高人的素质，这不仅会给人一种愉快的反馈信息，而且还会满足人在某些物质和精神方面的需要，这正是人们所需要和期望的；惩罚作为一种对人负强化的信息反馈，不仅给人一种避讳的反馈信息，而且还会使人的物质和精神受到某些损失，这却是人们所不希望和惧怕的，但这也是必需的。

奖励和惩罚都是激励实施中不可缺少的手段，对人的成长和发展都有积极的作用。

任何地区、任何单位，为了调动人的积极性，为了规范人的行为，必须同时制定奖励和惩罚条例，并保证严格实行，不得轻视或取消任何一方。

部属的心中怀有渴望被他人褒奖或认可的心理，因此会产生勇往直前的精神。褒奖与斥责可以指导他们不断做出回馈褒奖，不要再犯错误的行为。

管理者要赏罚严明，善于通过奖励和惩罚这两种正、负强化激励手段，来达到鼓励先进、鞭策后进、提高绩效的目的。爱护下属并不是去溺爱他们，而是必须恰当地进行褒奖和处罚，恩威并施。赏罚的关键是：要严明、公正；“赏不可不平，罚不可不均”；不分人的贵贱，谁有功就赏谁，谁违纪，哪怕是“皇亲国戚”也要严格惩罚；“设而不犯，犯而必诛”。曹操违纪，自罚“割发代首”；街亭失守，诸葛亮“挥泪斩马谡”。这些历史典故都是赏罚严明的例证。古人认为，只有做到恩威并施，运用正负两种强化激励手段，才能“犯三军之众，若使一人”，得心应手地运筹帷幄，使之无敌于天下。

组织中的每个人，目标常常是不同的，如何统一整体目标与个人目标？即如何使个人目标自觉地服从于整体目标，同时又使个人目标在整体目标的实现过程中得到充分实现呢？这需要管理者善于运用奖励和惩罚这两种激励的艺术手段。

兵家有“励气”之说，强调激励军心士气是作战胜败的关键。两军对阵，兵力的强弱并不是胜败的主导因素。如果敌军的士气遭挫败而沮丧低落，那么不必交战敌军就已陷于劣势；同样，如果己方士气高涨，有强大的精神力量，即使实力不如人，也能以弱胜强，势如破竹。激励士气，增强战斗力，精神上的激励是主要动力。人皆有趋利避害的天性，掌握这个特点，就可以制定出具体的激励制度，行赏设罚就是行之有效的激励手段之一。孙子主张以赏罚治军，他的思想可以归纳为三点：一是行赏设罚的前提，必须是在士卒信服的条件下才能制定赏罚制度，否则不足以服众，赏罚制度就会失去激励作用；二是赏罚须及时恰当，有功则赏，有过则罚，功高则重赏，过大则严罚，只有赏罚严明，执法如山，才能保证激励制度顺利实施；三是敢于破格奖励，对屡立战功的普通士卒不仅赏以重金，还加官进爵，使其获得跻身于军功贵族行列的机会，这对于出身贫民的士卒无疑具有巨大的吸引力，而在管理中也同样适用。

赏罚分明，人心所向。

要有责任心

3．你是公司的主管，正在和另一位主管竞争经理的职位。就在这时，那位主管在工作中出现了一个失误。老板来询问你这件事的时候，你会怎么办？（　　）

A．说出你知道的情况

B．表示不知情

C．建议老板问其他人

这道题答案选A（说出你知道的情况），这是提醒你在工作中要有责任心。

当一个人怀有强烈的责任心的时候，他往往会具有常人难以想象的坚强意志和持续高涨的工作热情，会为了责任和使命奋斗不已。责任心对人的激励效果是显而易见的，它很容易激发出人身体里蕴藏的巨大潜能。

把自己的责任用文字写下来，对于人们把注意力集中在特定的事业之上有很大帮助。但是，行动却可以让人们觉得自己的责任更为清晰、具体。战胜挑战、完成使命的经历，可以使人的个性特长进一步得到发挥，如对管理能力、合作能力、沟通技巧、逻辑思维能力、赞扬他人以及专心致志地工作的能力等的提高都会起到难以估量的作用。

具有责任感的人，首先要具有钢铁一般的意志，同时还要是一位实干家。他富有极强的探索精神，勇于真心投入；他不是被动地等待着新使命的来临，而是积极主动地去寻找；他不是被动地去适应新使命的要求，而是主动地去研究，适应所处环境的变革，尽量做那些有意义的、至关重要的贡献，并从中汲取经验，从而一次又一次地走向成功。

一个优秀的企业管理者，不仅自己要有责任心和使命感，还要善于激励下属，让他们也做到这一点。

松下幸之助善于巧妙地采取“用人激将法”来提高员工的责任心。他认为，公司员工身上最宝贵的莫过于他们的责任心。在企业经营中，为了调动人的积极性，也可以适当地运用激将法。因为人普遍具有在困难面前不低头、不认输、不服气的强烈自尊心，利用这种心理，会更有效地唤醒人的聪明才智。

“只要有60%的可能，就放手一搏吧!”松下常常以这句话激励自己的员工。

昭和初年，刚入公司才两年的一名年轻职员奉命以300万日元成立金泽分社。当时，松下鼓励道：“你一定可以做到的，天底下没有你办不到的事。试想，战国时代加藤清正和福岛正则等武将，都在十几岁时闯出天下，明治维新时的志士也尽是年轻人。何况你已过20岁，没有做不到的事情，不必担心，要有自信。”这些话，正反映了松下“放手一搏”的期勉之道。

激发员工的责任心，意味着让员工自主地承担一定的责任。一个团队的工作往往包含许多必须由团队成员分别来承担的职责，这些职责越明确，团队生产力水平就越高。

责任感的含义是广泛的，如对社会的责任感、对本单位的责任感、对家庭的责任感，以及受人之托的责任感等等。在某些场合，各种责任感是统一的，但在另一些场合，这种责任感和另一种责任感之间可能会存有矛盾。有矛盾也是正常的，因为任何一个人都处于社会的人际关系之中。一个人既是社会的一分子，又是团队的一分子、社区的一分子、工作单位的一分子、家庭的一分子。各种责任感都是由此产生的。因此，他不仅要对社会负责，也要对团队、对社区、对工作单位和对家庭负责。当某些责任感之间有矛盾时，就需要权衡轻重；当两者不能兼顾的时候，就需要有所选择，应以大局为重。作为新世纪的管理人员，时时刻刻要记住的是：始终要把社会责任感放在首位。把社会责任感放在首位的人，有可能与那些把本单位的利益放在首位的人产生冲突，甚至因此得罪了本单位的各级人员，从而在本单位陷入孤立状态。各种指责都可能朝你而来，如“吃里爬外”“沽名钓誉”等等。这时你就需要有毅力、有信心，还要有耐心。周围的人迟早会明白，你是正确的。

管理的意义，是一个管理者与下属员工一起工作，共同创造团队高绩效的过程。而这个过程同时又是管理者不断用心的过程。在完成本职工作的过程中，对规划未来、部署工作时要用心，在指导员工正确工作时要用心，在开拓创新时要用心，在创造高绩效的团队文化时要用心。惟有不断用心，管理目标才能被完成，并做得更好；惟有不断用心，管理者和员工才能在工作中得到提高和发展。

从一定意义上说，管理者的用心程度与其优秀程度和工作业绩成正比，用心管理比用“薪”管理意义更深远、效果更好。

用心管理不仅仅是简单地要求管理者要有责任感和具备奉献精神，当然这些基本的素质要求是必不可少的。用心管理，更多的是要求管理者能够在其位谋其政负其责，把应该做好的事情做好、把应该管好的人管好，真正担负起管理者的职责，做一名高绩效的管理者，创造出高绩效的团队文化，管理出高绩效的员工。

对管理人员来说，定期进行述职，会使管理者更具有责任感。有了这个压力，管理人员就不得不尽职尽责，抓好管理，提高效率。同时，述职也体现出企业对管理层的重视与关注，以述职来培养管理人员的荣誉感，更好地调动管理人员的工作积极性。企业的管理部门虽各有各的工作内容、各有各的特点，但管理的方法仍有相同或相似之处，需要相互学习、取长补短。通过述职，可以相互比较，共同探讨，集思广益，整体提高。没有述职，则难以发现问题，化解矛盾。

卡耐基认为，管理者应该有“万斤重担一肩挑”的责任感和气魄，冲锋在前，负责到底。无论狂风暴雨、千难万险，都应该勇往直前，绝不退缩。只有这样才能使员工对其有所信赖、依托，唤醒众人，共赴大业。

管理者有责任心，不仅表现在日常工作之中，更表现在生死存亡的紧要关头。即使遇到失败，也要把失败的责任一肩挑起，不怨天、不尤人。当然，失败的原因可能来自外界的大环境，也可能来自内部的其他人。但当失败发生时，作为企业灵魂人物的管理者，不应该找借口、推诿责任，而应该找自身责任，如未能及时调整以适应多变的环境的责任，找自己用人不当、调解不力的责任。只有这样，才不失为一名领导者的风范。并且在此基础上要深刻反省，认真调整。

一个企业，犹如大海行舟。管理者就如同一名船长，在茫茫的大海上，大家靠船长指挥前进，信赖船长，依从船长。因此，面对任何惊涛骇浪，船长都应该负责到底，哪怕是在船沉没之前的一刻。如果能这样做，船上的人不仅有了安全感，而且会觉得有所依赖，并且可以鼓起勇气，协助船长扬帆远航。

有了责任心，就如同有了斗志。

把工作和生活分开

4. 你们公司决定举办一个同事联谊活动，偏偏不巧的是，那天刚好是你妻子的生日。你认为下面哪种做法最不可取？（　　）

A. 请假回家陪妻子过生日

B. 劝妻子换个时间庆祝生日，去参加联谊活动

C. 说服妻子一起去参加活动

这道题答案选C（说服妻子一起去参加活动），这是提醒你要把工作和生活分开。

有时候，你是不是觉得自己活得简直像个“双面人”？心里面总是有两种声音不停地吵架，一种声音说：“我看算了吧！没什么好争的，不如回家算了。”另一种声音却说：“不行，我努力打拼了这么久，我一定要让全天下的人都知道我究竟做了什么！”“双面人”最大的苦恼，就是“工作”和“生活”永远势不两立。

既想在工作上做出一番令人刮目相看的成就，又想过着自在惬意的生活。可是，结果总是两头不讨好，往往这个没得到，那个也失去了。

同样一个人，为什么会如此纠葛不清呢？原因很可能出在把“工

作”与“生活”混为一谈。其实，工作就是工作，生活就是生活，如果错把谋生的工具当成人生的目标，而且太把它当成一回事，就会把自己弄得一团乱。

“工作”与“生活”是两回事，应该用客观的态度去看待。工作上，不管你是医生、律师、会计、出纳、司机等，你演的只是“职务”的角色；而回到真实生活里，你要演的是“自己”。

在美国硅谷，很多老板和员工认为下班后的时间是纯私人的，如果你不想被打扰，老板、上司，甚至天王老子的电话都可以不接。

我们总是抱怨不知不觉地成了工作的奴隶，在“忙”与“盲”之间，失去了青春的颜色。现在我们首先要做的是还给自己一个空间，一个尊重自我、简单快乐的空间，还原纯粹的生活。

走出办公室，莫谈工作，让“简单”做主吧。

不要介入派别之争

5．你是公司的一位经理，你的两位同事正在竞争副总经理的职位。那位在竞争中暂时处于下风的同事来找你，让你支持他。这时，你会怎么做？（　　）

A．表态支持来找你的同事

B．支持在竞争中处于上风的同事

C．保持中立

这道题答案选C（保持中立），是提醒你在工作中不要介入公司内部的派别之争。

企业的稳定经营和持续发展，需要的是团队的集体努力，只有每个人都认同企业的发展目标，企业才能有足够的实力面对市场竞争。但是不论企业的组织结构多么严密，管理制度如何规范，在企业里还是会产生一些内部的小团体和小帮派，这些小团体和小帮派要么有着和企业不同的价值取向，要么就是在企业内部存在某种潜在的利益牵连。

随着企业的发展壮大，内部帮派的存在就成为了一个较为普遍的现象。因为企业是以人和利益为基础的，只要有人和利益，就一定会存在帮派，正所谓“物以类聚，人以群分”。帮派多了，难免就会产生争斗。因为帮派的组织总是多样化的，人多嘴杂，就会有人搬弄是非，从而产生利益冲突。现在越是规模较大的公司，帮派的现象越严重，帮派也因此成为了“公司政治”的重要组成部分。

产生帮派的原因有很多，总结起来可以分为几种：

（1）因为公司管理者和分工形成的帮派。一些人为了维护自己的地位，为了获得职位的升迁，采取拉拢管理者和下属的办法，形成了帮派。这种帮派，是由于管理者的不公正和组织结构中存在的一些缺陷形成的。例如一些管理者偏爱一些员工，而对另外的员工有成见，就会导致那些被管理者忽视的员工心存抱怨从而消极以对，这些被忽视的员工就会采取行动：要么主动和管理者靠拢，要么自己形成一群，组成一个自己的“组织”。

（2）因为公司的奖罚和激励体制不合理形成的帮派。公司激励体制没有做到赏罚分明，或者奖惩机制没有做到客观及时，这会影响到员工的积极性。于是有怨气的员工就会聚集在一起，互吐苦水，从而形成帮派，向其他员工传播对公司不利的信息。

（3）因为少数员工的恶习形成的帮派。有些员工与公司的价值观不一致，有些员工对公司的发展自信心不足，他们探听小道消息、编造八卦新闻来吸引别人的注意，或者对很多同事的行为品头论足，或者干涉别人的工作。这些人的存在很容易使大家关系分化，形成帮派。

（4）因为地缘、朋友和血缘等形成的帮派。例如同乡派，或者互相是朋友关系的人同时加入公司，或者员工之间是亲戚关系等，产生这种帮派的原因是企业在人力资源引进和管理方面有一些宽松政策。这些人的存在总是让其他的员工在处理工作的时候难免要考虑几方的利益关系，或者因为他们之间互相袒护、互相照顾等，影响了工作的氛围。

内部帮派给企业带来的积极的一面是，不管什么帮派，最终都必须以公司的战略目标和利润为导向，否则，它们也很难找到存在的理由。从这个角度来说，合理的帮派之间的争斗能够帮助企业维持稳定。管理者的艺术，实际上就是平衡技巧，从而实现权力之间的制衡。如果只有一个派别，那么对于企业经营就一定有风险，因为这样容易形成“一股独大”或者“一言堂”的局面。内部帮派给企业带来的负面影响是运作效率低下，因为有帮派，每个派系都有自己的核心群体，不同派系的人员控制的部门之间的协作基本上是很难实现的。这样，企业就不再是一个统一的集体，企业的资源和力量也不再朝同一个目标发展，涉及不同部门之间或者不同派别的人之间的工作任务，需要花费很多的时间进行彼此沟通，容易导致在对一件事情上大家互相踢皮球，即使是管理者决策，也需要仔细考虑平衡各方利益，工作效率就会受到较大的影响。当然，如果帮派斗争非常严重的话，对于企业还会带来人事上的危机，这就如同现在的很多职业经理人在离开公司时总会带走一批追随者一样。

“公说公有理，婆说婆有理”，帮派之间的矛盾有时真不易处理。你如何断定是非，分清黑白？你既不可袖手旁观，又不能深陷其中，保持中立，淡化事态则是最佳选择。

人与人之间的关系，本来就是十分微妙的，尤其是在有利害冲突的同事之间，很容易发生大大小小的纷争。

同事之间可能为了争权夺利而明争暗斗。如果管理者能够巧妙地加以利用和操纵，以“和事佬”的身份出现，便可收到意想不到的效果。一位能够控制住局势的管理者，总是善于在派系林立、矛盾纷争的局面中寻求平衡，他往往以“和事佬”的姿态出现来调解矛盾、化解矛盾，以利工作。

管理者之间，有太多微妙的关系存在，大部分都是亦敌亦友。无论他们的私交如何，在老板面前，既然是在竞争之中，他们就有数不完的斗争。今天，某甲跟某乙是最佳搭档，在办公室里成了“铁哥们儿”，很有可能几天后，由于某种利益关系，两人反目成仇。

如果，你发现自己正处于十分尴尬的局面：两个同事因私事交恶，互不理睬，而你成了“两边人”，成为两人争着拉拢的对象。你本来深明公私分明之理，后果却被这两个同事弄得混淆不清是非，在此情况下你不知如何是好。中庸之法是，让一切保持常态，就当作什么事都没有发生过吧。

“势力”这一字眼，并非标新立异，危言耸听。任何部门、任何单位的管理者，事实上无时无刻都面临着这样的问题：怎样能巧妙地处理好与各种“势力”之间的关系？这就需要管理者发挥其精明的一面：“旁观者清。”

众人皆醉，我独醒；众人皆浊，我独清。

做下属的坚强后盾

6. 你是公司的部门主管。有一天，你叫一位下属写份报告给你的上司。由于时间紧迫，报告写完后你没看就叫下属直接交给了你的上司。而你的上司看完报告后，怒气冲冲地进入你们的办公室，无视你的存在，把这份报告扔到那位下属面前，指着他说："你写的是什么报告？你还想不想干了？"此时，你会怎么做？（　　）

A. 站出来说："是我让他写的，责任由我来负!"

B. 不打断上司，等上司走后安慰一下下属

C. 为了表示不是你的责任，跟上司一起指责你的下属

这道题答案选A（站出来说："是我让他写的，责任由我来负!"），是提醒你要做下属的坚强后盾，因为你的成绩是来自下属的努力。

作为一名企业的管理者，你有过这样的经历吗？为了员工的利益而奋不顾身。例如在薪酬问题上，当人们觉得你在为他们争得利益时，他们也会反过来帮你，当你需要他们的时候，他们会不惜代价地为你做

事，他们会更加努力，而不会向你索取回报。无形之中，你在自己的四周筑起了一座强大的堡垒。

当你的下属遇到麻烦时，作为管理者，你有义务也有责任勇敢地站出来，做他的坚强后盾，让他没有任何后顾之忧。虽然，这样也许会让身为管理者的你受点委屈，但是，你要明白他的工作就是你的事业，只有他的不断成功，才会有你辉煌的事业。同时，当你的下属最孤独、最无助的时候，你的支持与鼓励能给他增添无穷的动力，还会让他对你感激涕零。所以，请你勇敢地站出来吧！

你应该怎样做一名称职的管理者？

（1）敢于替部下承担责任的管理者，才是一位真正的管理者。

（2）作为管理者，当你的下属遇到麻烦时，你要勇敢地站出来，永远做下属的坚强后盾。

管理者应该具有路遇不平、拔刀相助的精神，为部下撑腰，给部下一个宽松的工作环境。若是不管不问，部下便会抱定“多做多错，少做少错，不做不错”的信条。那样，谁还会为你做事呢？其后果是不可估量的，会致使公司利益受损。

当部下被人指责时，管理者应查清情况，明辨是非，为冤者平反，树立企业公正形象，做部下的后盾。这样才能上下一心，共谋大业，创造辉煌。

管理者要学会“容短”并适当地“护短”。要想发挥理想的“容短”“护短”效果，不仅需要掌握好临界线，灵活掌握好“度”，而且还需要巧妙地运用各种最有效的方法，恰到好处地将管理者的用意传递给下属，使下属明白管理者为什么会包容他，以此极大地激发他的积极性和创造性。

作为管理者，不应该落井下石，更不要抓“替罪羊”，而应该勇敢地站出来，实事求是地为下属辩护，主动分担责任。这样做，不仅拯救了一个下属，而且将赢得更多群众的心。

管理者要善于自我反省

7. 你是公司的销售主管，尽管你尽了最大的努力，但由于市场的原因，到年底还是没有完成销售任务。这时，老板叫你向他述职。你会怎么向老板交代呢？（　　）

A. 向老板强调客观原因——市场

B. 检讨自己工作中的不足

C. 表示明年肯定完成任务

这道题答案选B（检讨自己工作中的不足），这是提醒你要善于反省自己，多从自己身上找原因。

子曰："吾日三省吾身。"圣人都是如此，何况我们每一个普通人呢？

所谓"反省"，就是反过身来省察自己，检讨自己的言行，看自己犯了哪些错误，看有没有需要改进的地方。

人为什么要自省？这是因为人都不可能十全十美，总有个性上的缺陷、智慧上的不足。现实生活中，很多人只会说好话，看到你做错事、说错话、得罪人也故意不说，因此这就需要你通过反省来了解自己的所做所为。

常听见许多人抱怨他们的配偶、情人、父母、子女、老板或同事“从来不听别人讲什么”或“拒绝体谅”。我们常常因为未得到我们亲近的人的欣赏而怨愤不满，却忽略了进行自我反省。

反省其实是一种学习能力。管理既然是一个不断摸索的过程，管理者就难免会在此过程中不断地犯错误。反省，正是认识错误、改正错误的前提。对管理者来说，反省的过程，就是学习的过程。有没有自我反省的能力，具不具备自我反省的精神，决定了管理者能不能认识到自己所犯的错误，能不能改正其所犯的错误，是否能够学到新东西。

作为一名管理者，遭遇挫折、碰上情绪低落的时候，都是常有的事。在这种时候，自我反省能够很好地帮助你渡过难关。对管理者来说，问题不是一日三省吾身、四省吾身，而是应该时时刻刻警醒、反省自己，惟有如此，才能时刻保持“清醒”。

遇到失败，那更需要自我反省，并勇敢地面对它。如果我们像受伤的小兔一样拼命地避免失败，我们就会遁入一个怪圈，你越想逃避，失败越是如影随形。

上天最厌恶不会自我反省的人，因此很少将恩泽施洒到他们身上。

如果你不注意你的身体，讳病忌医，刚开始可能只是得芥藓之疾，如果任其恶化，它就会长成危及生命的毒痈。同样的，如果你不及时反思自己的思想和行为，你的生命力会逐渐退化，最后变成平庸不堪。因为不反省，你会觉得自己不错，无需改变什么，这样你就缺少了改变自己的动力，更不会有相应的行动。而你的生命就会屈服在过去的光环之中无法自拔，裹足不前。

反省是一种美德，只有经常反省的人才会进步，才会发现在“上帝”关上门后，他留出的另一扇窗。犹太人习惯于在周六长时间反省，因此，即使他们在二战中遭受了毁灭性地打击，而在战后他们也会找到“上帝”留下的“窗口”，立即崛起，成为世界上最有名的商人。而那些不会反省的人，常常对那扇通向成功的“窗口”视而不见，甚至自己亲手把它关闭。

反省对于企业管理者而言，主要是认识到自己的缺点，弥补工作中的不足。对于自己工作中所犯的错误，不会检查、不会订正，不把自己的不足补上，那么你学得越多、前进得越快，留下的漏洞也就越多，最后“千里长堤，毁于蚁穴”。

人生就好像一个阶梯，要往上爬，我们就要先站稳脚跟，无论是工作、家庭、经济等等方面。如果我们不经常回头审视自身，我们怎么知道自己是否真的站稳了呢？很多人风风火火地沿着阶梯向上窜，结果他们或者是一脚踏空结结实实地掉到地上，或者是他们前面的阶梯崩溃了。思想是把双刃剑，使用不当，可能会伤害到自己；使用得当，它就是一把“开天斧”，为你开创出一片无限快乐、坚定、平和的新天地。

善于反省的人可借此实现自己的人生愿望。如果我们能够不断地反思自己所处的境况，并努力地寻找种种解决问题的方法，从中悟到失败的教训和不完美的根源，并全力以赴地去改变它，这样我们就可以脱胎换骨，成为能够巧妙地运用能力和思想，直至获得成功的智者。

没有这种深刻的反省和感悟，人们常常会因为疑虑困惑而停滞不前，甚至不肯向前迈出一小步。他们会一直等待，不敢前进，好像前面是万丈深渊。他们不愿意全力以赴，更不会破釜沉舟，因为他们根本不知道问题出在哪里。

只有弄明白如何改进自己，我们自身才会充满力量，才可以不依赖外界的力量塑造自己，激发出我们潜在的天赋和资源，成就光辉的未来事业；才会在最恶劣的情况下，坚信一定会有出路，一定会有机会使我们从失败转向成功。

一个学会了反省的人，世界上就再也没有任何艰难险阻可以妨碍他走上成功的道路。

做一名大度的管理者

8．你是一位公司的部门经理，有一次你发现一位下属在电脑上制作了一个用锤子砸你脑袋的小游戏，并且把这个游戏发给其他的同事。这时，你会怎么做？（　　）

A．装作不知道，让员工有一个发泄压力的途径

B．找到那位下属，向他了解这么做的原因，找出解决矛盾的办法

C．装作不知道，然后借故颁布一个规定，禁止在公司的电脑上玩游戏

这道题答案选B（找到那位下属，向他了解这么做的原因，找出解决矛盾的办法），这是提醒你要做一名大度的管理者，要学会宽容。

托尔斯泰虽然出身贵族，却喜欢和平民百姓在一起，与他们交朋友，从不摆大作家的架子。

一次，他在长途旅行时，路过一个小火车站。他想到车站上走走，便来到月台上。这时，一列客车正要开动，汽笛已经拉响了。托尔斯泰正在月台上慢慢走着，忽然，一位女士从列车车窗冲他直喊："老头儿！老头儿！快替我到候车室把我的手提包取来，我忘记提过来了。"

原来，这位女士见托尔斯泰衣着简朴，还沾了不少尘土，把他当作车站的搬运工了。

托尔斯泰急忙跑进候车室拿来提包，递给了这位女士。

女士感激地说："谢谢啦！"随手递给托尔斯泰一枚硬币，"这是赏给你的。"

托尔斯泰接过硬币，瞧了瞧，装进了口袋。

正巧，女士身边有个旅客认出了这个风尘仆仆的"搬运工"，就大声对女士叫道："太太，您知道您把赏钱给谁了吗？他就是列夫·托尔斯泰呀！"

"啊！老天爷呀！"女士惊呼起来，"我这是在干什么事呀！"她对托尔斯泰急切地解释说："托尔斯泰先生！托尔斯泰先生！看在上帝的面儿上，请别计较！请把硬币还给我吧。我怎么会给您小费，多不好意思！我这是干出什么事来啦！"

"太太，您干吗这么激动？"托尔斯泰平静地说："您又没做什么坏事。这个硬币是我挣来的，我得收下。"

汽笛再次长鸣，列车缓缓开动，带走了那位惶惑不安的女士。

托尔斯泰微笑着，目送列车远去，又继续他的旅行了。

宽容就是潇洒。宽厚待人，容纳非议，乃事业成功、家庭幸福美满之道。事事斤斤计较、患得患失，活得也累。难得人世走一遭，潇洒最重要。

宽宏大量是现代管理者、企业家必须具备的品质。在社会心理学中，把宽容理解为有权力责备处罚而不加以责备处罚，有权力报复而不加以报复的一种道德心理结构。

宽容首先表现在能容忍下属对自己的不满。下属的责难和抱怨其实能产生良好的影响。让下属讲话，既可以获得更多的信息，使自己做到兼听则明，又可以从中得知自己的不足，便于改正。同时，这也更加有利于你了解下属，为自己所用。美国《中小企业人事管理二十四条》中写道："记住，如果没有不满，就没有改进。"所以，应该记住，下属万马齐喑之日，必是你管理失误之时。

做一名管理者，要能够容纳别人。如果管理者只是能力比别人好，即使他是团体里面最优秀的，也并不足以成为称职的管理者。做一名管理者要能够容纳别人，要有一颗宽广的心。

中国古谚有云："海纳百川，有容乃大。"历史上最伟大的君王不是最能干的君王，而是心胸宽广的君王，能够延揽各式各样的能人谋士，而且能够加以整合，这才能成为好的领袖。

无论在何时何代，管理者都必须具备一个明显的优点，那就是要有宽广的胸襟和情怀。

凡是待人接物，必须是自己做主，千万不可受人左右。不要因为他人薄待我，我也薄待他；他人怠慢我，我也怠慢他；他人毁谤我，我也毁谤他，这就是与他一般见识了。最好是他薄我就厚他，他傲慢我就恭敬他，他毁谤我就称誉他，这样才能不被他人控制。

以宽待人，就意味着批评他人的过错时不要过于严厉，要考虑到他能否接受；教育人从善要求不能过高，要使他能做到；称赞人的善应当根据他的事迹，不应该只是褒扬他的为人；攻击人的过失应当针对他的错误，不应当涉及他的人品。当然，对待君子容易，对待小人困难。因此，对待人一定要宽大浑厚，对待君子要这样，对待小人更是如此。

春秋时，楚王大宴群臣，文武大小官员、宠姬妃嫔统统出席。

忽然一阵怪风吹熄了所有蜡烛，漆黑一团。席上一位官员乘机揩油，摸了许姬的玉手。许姬一甩手，扯断了他的帽带，匆匆回座附耳对楚王说："刚才有人乘机调戏我，我扯断了他的帽带，赶快叫人点起蜡烛来看谁没有帽带，就知道他是谁了。"

楚王听了，忙命不要点烛，却大声向众人说："寡人今晚务要与诸位同醉，来，大家都把帽带扯断痛饮。"

于是各官除掉帽带。楚王命令点烛，都没有帽带了，也就看不出是谁刚才调戏的许姬了。

后来楚王伐郑，有一健将独率百人，为三军开路，过关斩将，直逼郑的首都，使楚王声威大震。这位将领后来承认他就是当年揩许姬油的那个人。他因楚王施恩于他，不究他的错，而发誓毕生效忠楚王，成为一员忠将。

现代社会中，管理者对下属的微小过失应该有所容忍和掩盖，这样做是为了保全他人的体面和企业的利益。

"大人不记小人过"，说起来容易做起来难。为了消除上下级之间的对立情绪，管理者有时需要委屈一下自己，设身处地地了解对方的心理和观念，以"君子之心"度"小人之腹"。

很多管理者都会有自己的反对者，这是不可回避的事实。但在这一共同的事实面前，则因管理者个体素质、所持的态度、处理方法的不同而效果不一样。有的在面对反对者时恼羞成怒，将其视为"眼中钉""肉中刺"；有的表现出无可奈何、束手无策、听之任之的态度；有的则是虚怀若谷、统率有方、驾驭有余。这中间大有学问。

一名管理者在他管理的群体中，会出现与自己意见不一致的反对者，这不一定是件坏事。相反，从某种意义上讲却是件好事。其一，它可以经常使管理者警醒，使自己的言行时刻处在大家的监督之中，从而使自己不犯错误或者少犯错误。其二，经常只能听到一种声音、一个调子，这很容易使管理者陶醉，滋长骄傲自满、停滞不前的情绪，从而犯经济主义和教条主义、主观主义错误，这样他所管理的单位也必然是个缺乏生机和活力的群体。因而，从这种意义上讲，不仅要正视反对者，还应保护反对者。

古语说："宰相肚里能撑船。"对于现代人来说，管理者的肚子里要能"跑火车"才行。对于具有不同脾气、不同嗜好、不同优缺点的人，你要学会去接纳他们，因为你是一位管理者，你必须具备一颗平常之心。

豁达大度，不小肚鸡肠，"泰山崩于前而不惊，无故加之而不怒"是古人称道的所谓大智大勇。企业的管理者要培养自己一种处变不惊的素质，以应付复杂多变的商业环境。对下属既要严格要求，又要适当容忍，不能时时盘查、事事追究，必要的时候也要睁只眼、闭只眼。只要不影响企业的重大利益，对一些事情不必去兴师动众地深查细究。

人都有犯错误的时候，甚至会有"一念之差"。如果企业的管理者没有容人之量，很难形成一个团结战斗的集体，也很难调动一切可以调动的积极因素。

管理者要以身作则

9．你是一位部门主管，某天，公司需要你们部门下班后留下来加班，但是你已经和一位好久没见面的老朋友约好聚一下。这时，你会怎么做？（　　）

A．赶紧将你的分内工作做好，然后去赴朋友的约

B．和朋友另外约定聚会的时间，等到所有的下属做完工作后再离开

C．把工作给各位下属分配妥当，然后去赴朋友的约

这道题答案选B（和朋友另外约定聚会的时间，等到所有的下属做完工作后再离开），这是提醒你作为管理者要以身作则，要做下属的榜样。

身先士卒，率先垂范，永远会唤起下属的崇敬感。

现在的大多数人都不喜欢被管理，而且把管理者视为体制一方的代表。如果管理者的行为引起下面人的疑虑，迟早会引起他们的反感而遭到背叛。因此，身为管理者必须真正地以身作则才能让下属信服。

群众期待的管理者，是在非常时期能够表现得与众不同，且能够断然地做出决定，迅速敏捷地采取行动。只有这样的管理者，才能强有力地支配部下。

在竞争愈来愈激烈的今天，企业随时随地都会面临各种困难。如果企业不加紧脚步，就很难在这困厄的环境中取得一席之地。当面临困境时，管理者必须能够身先士卒，面对难关，此时坚定沉着的精神就会传达给部下，让大家都能够勇敢地面对挑战。

身为管理者，尤其是高层管理者，不仅是会做报告、夸夸其谈、口若悬河、在言辞上折服众人，更重要的是自己能以身作则、严于律己。因为自己的一言一行、一举一动都受到大众目光的监视，而最大的动力，则是自己的行动。将自己的行动表现在事业上，是最能感动他人的举措。

日本本田技研工业总公司的创始人本田宗一郎每当遇到棘手的事情时，总是自己率先去干。因此，公司里的年轻人都非常佩服他的这种身先士卒的垂范作风。有一次，为了谈一笔出口生意，本田宗一郎和同事藤泽武夫在滨松一家日本餐馆里招待一位外国商人。外国商人上厕所时，不小心弄掉了假牙。本田宗一郎二话没说，就跑到厕所，脱掉衣服，跳下粪池，终于找到了假牙。然后，他又反复冲洗干净，并做了严格的消毒处理，送还给了外国商人。这件事让那位外国商人很受感动，生意自然获得了圆满的成功。藤泽武夫目睹了这一切，感慨不已，认为自己可以一辈子和本田宗一郎合作下去。

俗语云："行动是无声的教诲。"一大堆的同情话、亲热语，远不及于援一手、投一足的实际小帮助。人是最容易为一些小事情、小恩惠的感情所折服。要降低自己的物质欲望与享受观念，使自己与大众没有差异，成为大众中的普通一员。要求他人做到的，自己首先要做到，这样说话就响亮，就能感服他人。

孔子曰："其身正，不令而行；其身不正，虽令不从。"有些地方或单位之所以出现"有令不行，有禁不止"的现象，一个重要的原因，就在于某些管理者，特别是高级管理者自身不正，不能以自身作则。"己身不正焉能正人"？要"身正"，必须严于律己，加强自身的思想道德修养。

榜样可以起到明显的激励作用，从而推动各项工作的开展。什么是榜样激励的核心问题呢？就是企业的管理者要以身作则。事实证明，企业管理者的一举一动往往影响着员工的积极性，会给员工留下深刻的印象。在不少企业里，都开展"评先进、树典型"活动，为员工树立了榜样，使企业形成了一种积极向上的文化氛围。

管理者要注重行为的"垂范激励"。企业管理者，不管你是委派的还是选举产生的，抑或是中标受聘的，一旦被任命之后，手中就拥有了经营管理企业的权力。然而，这并不意味着你的权力已经"合法"。能否获得群众认同的"合法权威"，关键要看管理行为产生的"激励效应"如何。美国社会学家彼德·布莱认为，管理者的有效性和稳定性取决于下级的社会赞同。受到下级承认和赞同的管理者，在对下级施加影响时，要比那些未受到承认或赞同的管理者更为有效。假如你忽视了这一点，以为靠着人事部门的一纸文件就可以滥用权力，那么你就会动摇管理者权威的有效性和合法性。久而久之，最终会丧失群众在心目中对你的权力和威信的认可。

企业管理者作为单位的“掌舵人”和“领头雁”，应该以身作则，率先垂范，处处做下属的楷模。要求员工做到的自己首先要做到，禁止别人违反的自己绝不违反，自觉把自己置于员工群众的监督之中。身教胜过言传，“榜样的力量是无穷的”。

规章制度是管理的法宝

10. 你是一位部门经理，你下面的两名员工在工作中出现了失误，按照公司的规章制度，应该对他们给予处罚。但是，其中一名员工是老板的亲戚，老板平时挺照顾他的。这时，你会怎么做？（　　）

A. 按公司的规章制度办事，该处罚的就处罚

B. 向老板请示

C. 找到那名员工，告诉他将给他一次改正的机会，如果下次再出现失误则绝不放过

这道题答案选A（按公司的规章制度办事，该处罚的就处罚），这是提醒你在管理中一定要注重规章制度。

海尔总裁张瑞敏在各种场合讲到海尔的成功历程时，总是不忘提到13条规定，其中包括不准迟到、不准打毛衣、不准在车间内随地大小便……这些在现在看起来很琐碎、细小，简单得令人发笑的规定，确确实实地击中了原海尔员工的要害。海尔领导者通过严格管理，使这13条管理规定得到了切实执行，使海尔人的工作面貌有了很大的改善，同时在海尔内部树立了“有规必行”的观念，使规章制度不再是“可有可无

的摆设”。此后，海尔的管理者又逐步推出各种新的细化规章制度，做到了“有规可依”。海尔的企业管理渐渐由无序转向有序，逐步成为一个有执行力的组织，开始了海尔的铸就辉煌之路。

军有军法，山有山规。公司制定出来的各种规章制度不能成为摆设。作为管理者，你应当以有效的手段保证其得以贯彻落实，一旦发现有人违规，便加以惩罚，绝不手软。

但是，应该清楚，“绝不手软”并不是指粗暴或仗势欺人，不是指滥施压力以保住自己的地位。对雇员要公道，在处罚时要有充分的根据，包括解释清楚公司为什么要制定这条规章，为什么要采取这样一个纪律处分，以及希望这个处分产生什么效果。

记住，处分的目的在于教育，而不是处罚。因此，你应该向你的雇员表示你相信他（她）会改正错误。在执行纪律处分后以充满积极的语调跟雇员谈话，将有助于消除雇员的苦恼和怨恨的情感。

许多管理者都想当然地认为，“这些规定谁都知道”。但是，新来的雇员，甚至有时有些老雇员，直到他们违反了某条规定时才听说有这么一条规定。

你不应无视违反公司规定的行为。如果你这样做，那你就是在向其他雇员表明你不打算执行公司的规章条例。你也不应该走向另一个极端，草率地惩罚或处分员工。在你行动之前，在你做任何事情之前，你必须搞清楚发生了什么问题，以及雇员为什么会这样做。

制定出的规章是让大家遵守的。当然，并非每个违规行为都受到同样的处罚。一视同仁不是说对待所有的人要完全一个样。一视同仁的原则是指在同样条件和同样的情形下，应该采用同样的处罚。

世界上不管是跨国公司，还是民营商店，对经营管理都十分重视，不但有现代化的系统论管理、方针目标管理，而且部门与部门之间都有一整套的管理办法和管理制度，像一架机器一样不停地、有条不紊地运转着。

英特尔从创立开始就非常强调“制度”，处处都有清楚的规定，每天早上的上班制度，就是最明显的例证。在英特尔，每天上班时间从早上8点整开始，8点05分以后才报到的就要签名在“英雄榜”上，背负迟到的“罪名”，即使你前天晚上加班到半夜，隔天上班时间仍是上午8点。这和20世纪70年代嬉皮盛行、个人享乐主义凌驾一切的美国，有些背道而驰，可是却延续至今，始终如一。

英特尔整个公司的管理制度都很严明，从制造、工程和财务，甚至行销部门，每件事情都有清楚的规范，人人都以这些规范来作为自己工作的准则。许多公司重视人性管理，以重视员工为口号，只有英特尔强调制度胜于一切，这种注重企业自主管理的经验和方法，使英特尔的企业文化独树一帜。

制定规章制度应注意几点：

（1）规章制度的内容是否违法。许多企业制定规章制度时由于不了解或漠视现行的法律法规、政策而致使所制定的规章制度中的某些内容违反法律规定而不具有法律效力，如果企业依据这些违反法律规定的内容管理员工而发生争议，企业的行为将得不到法律的支持。因此，规章制度内容必须合法。

（2）规章制度是否经民主程序制定。许多企业制定规章制度，都只是由企业的董事会或总经理甚至是某个部门制定后即可实施。但法律规定企业的规章制度应该经过员工（代表）大会通过，否则不具有法律效力。

（3）规章制度是否经过公示。许多企业的有些规章制度根本不为员工所知，这就使员工无所遵从，因此法律规定企业规章制度必须要向全体员工公示，否则不对员工产生效力。

（4）规章制度是否及时修改、补充。许多企业规章制度制定好以后便完事大吉，但实际情况是现行法律不断推陈出新，制定当时适用的内容可能现在已经不合时宜。因此企业应当自行或委托有关专家对已有的规章制度进行定期或不定期地检查，及时修改、补充相关内容。

规范的规章制度，能更好地使企业走向辉煌。

不要独占功劳

11．你是一位销售部门经理，有一次公司派你们部门去参加一个贸易洽谈会。在贸易洽谈会上，你的一位下属表现得很出色，发展了几位大客户。回到公司后，老板很高兴，私下找你谈话，认为你能力很强，决定升迁你。但你知道这次成功并不是你的功劳，而且如果让老板知道了，那位下属很可能会取代你的职位。这时，你会怎么做？（　　）

A．反正老板也不了解情况，就把功劳放到自己身上

B．自己是销售部门的主管，再大的成绩都是在自己的带领下取得的，觉得问心无愧就行

C．向老板实事求是地说明情况，但也应该强调这是整个部门齐心协力的功劳

这道题答案选C（向老板实事求是地说明情况，但也应该强调这是整个部门齐心协力的功劳），这是提醒你不要独占功劳，任何功劳都不是一个人能取得的。

当你获得荣誉时，如果其中有他人的功劳，那你不要独自享受，否则你也许有一天会独吞苦果！

俗话说，有福同享，有难同担。当你在工作和事业上干出点名堂，小有成就时，当然是值得庆幸之事，你也应当为自己高兴。但是有一点，如果这一成绩的取得是集体的功劳，或者离不开他人的帮助，那你千万别独占功劳，否则他人会觉得你好大喜功，抢占他人的功劳。如果某项成绩的取得确实是你个人的努力，当然应该值得高兴，而且他人也会向你祝贺。此时，也应切记，如果没有公司的支持和帮助你也不会成功。

下级的成绩和建树离不开管理者的指导和帮助，下级的胜利往往体现了管理者的决策、部署的科学性和正确性。但是，这一点只应由下级和他人自己去体会，而不可流露于管理者的言词之中。

管理者如果不管功劳大小都往自己身上揽，并向所有人大声宣布，这样会显得毫无谦逊的作风，给人的感觉是他自私自利、好大喜功。管理者应追求事业的发展方向，而不应、也没有必要在成绩的归属上争个高低。将功劳归给干实事的员工反而会使得管理者的形象更加高大。

谁都喜欢晋级，谁都喜欢加薪，管理者这样，部下也是如此。当管理者晋级加薪之时，别忘了那些为公司做出贡献的下属，应设法让他们也有所晋升，或得到奖励，保荐他们到更好的职位，这才是对部下最大的激励。

当你个人受到奖励和表彰时，要把你的成果与部下共同分享。这样，从今以后，你的部下将会恪守忠诚，这样的公司也必然是上下一心、齐心合力，共同谋求更大的进步，动力十足，也就造就了一个充满活力的企业，效益也会随之不断地上升。

管理者获得各种荣誉后，如果以各种形式让部属分享荣誉及荣誉带来的喜悦，会使部属得到实现自身价值和受到管理者器重的满足感，这种满足感会在以后工作中释放出更大的能量，在无形中也冲淡了人们普遍存在的对受表彰者的嫉妒心理。

一位获得上级表扬的厂长在全厂大会上讲话时，他不是泛泛地说“成绩归于大家”的套话，而是颇有感情地把所有在工作中有突出贡献的员工的事迹一件件列举出来，连一位员工未歇完婚假就上班的事他都没忘。最后他说：“这个荣誉是全厂员工的，没有你们的努力，就没有今天。我向大家表示深深的谢意。”

假如管理者是个喜欢独占功劳的人，相信他的下属也不会为他卖力。反之，如果管理者能乐于和下属分享成功的荣耀，下属在做事时也会分外卖力，希望下次同样会成功。

人人做事情都希望被他人肯定，即使最后未必成功，但始终是尽了力，当然不希望被人忽视。

一个人的工作得不到肯定，会打击他的自信心，所以作为管理者，切勿忽视员工的参与。

当你在工作上有特别表现而受到肯定时，千万要记住一点——别独享荣耀，否则这份荣耀会给你的人际关系带来障碍。当你获得荣耀时，应该尽量做到以下几点：

（1）感谢他人——感谢同仁的协助，不要认为这都是你自己的功劳。尤其要感谢上司，感谢他的提拔、指导、授权。如果实情确是如此，那么你本该如此感谢。如果同仁的协助有限，上司也不值得恭维，你的感谢也有必要，虽然显得有点虚伪，但却可以使你避免成为他人的箭靶。为什么很多人上台领奖时他们首先要讲的话就是：“我很高兴！同时我要感谢……”道理就是如此。这种“口惠而实不至”的感谢虽然缺乏“实质”意义，但听到的人心里都很愉快，也就不会嫌忌你了。

（2）与人分享——即使是口头上的感谢也是一种分享，而且你也可以扩大这种“分享”的对象，反正“礼多人不怪”。当然，别人倒并不是非要分你一杯羹，但你主动与人分享，这让旁人有受尊重的感觉。如果你的荣耀事实上是众人协力完成的，那你更不应该忘记这一点。你可以采取多种方式与人分享，如请大家吃几颗糖，或请大家吃一顿饭。“吃人嘴软，拿人手短”，别人分享了你的荣耀，就不会和你做对了。

（3）为人谦卑——有些人往往一旦获得荣耀，就容易忘了自己是谁，并从此自我膨胀。这种心情是可以理解的，但旁人就遭殃了，他们要忍受你的气焰，却又不敢出声，因为你正在兴头上。可是慢慢地，他们会在工作上有意无意地抵制你，让你碰钉子。因此，有了荣耀要更加谦卑。不卑不亢，不容易，但“卑”绝对胜过“亢”，就算“卑”得过分也没关系，别人看到你如此谦卑，当然不会找你麻烦，和你做对了。

当你获得荣耀时，对他人要更加客气，荣耀越高，头要越低；另一方面，别总是提及你的荣耀，说得多了，就变成了一种自我吹嘘。既然你的荣耀大家早已经知道，那你何必不时地提及呢?

其实，别独享功劳，说穿了就是不要威胁别人的生存空间，因为你的功劳会让别人变得暗淡，产生一种不安全感。给别人吃下一颗“定心丸”，他就没什么话好说了。人性就是这么奇妙。

如果你习惯了独享功劳，那么总有一天你会独吞苦果!

和上司建立协调的关系

12．你是公司的部门副经理，而你们部门经理的能力并不比你强，只是资历比你更老而已。有一次，公司要你们部门策划一个活动。部门经理交给你一个策划方案，你看了之后认为这个策划方案远远比不上你的方案好，而且花费的成本和时间都要更多。这时，你会采用哪个策划方案呢？（　　）

A．采用自己的策划方案

B．采用经理的策划方案

C．以自己的方案为主，经理的方案为辅

D．以经理的方案为主，自己的方案为辅

这道题答案选D（以经理的方案为主，自己的方案为辅），这是提醒你在工作中要注意协调好和上司的关系。

协调好和上司的关系包括：第一，适合彼此的需要和风格；第二，分享彼此的期望；第三，相互依赖、诚实和信任。

相互期盼。相互期盼是提升各自的能力和管理效果的关键因素。在多数情况下，得不到好的结果是因为彼此之间的不了解和失望。生活中有一句很流行的话："因了解而分手。"这句话有失偏颇。人们如果因为了解而分手，那么这就意味着在合作的开始并没有很好地交流各自的期望，等到能够理解各自期望的时候，才发现自己无法达成对方的期望，结果只好分手。在与上司的配合中，非常重要的是能够经常沟通双方的期望，并通过不断地实现期望来提升各自的能力，一旦形成这样的状态，双方都会发现对方是一个最好的参照物，各自会不自觉地提升自己的期望，使得各自都逐步上升到一个新的高度。

信息流动。组织管理中最困难的是组织信息，一个组织所要传达的信息是隐性的，同时组织信息本身又是组织状态的描述，所以，管理不好组织信息是组织失控的根本所在。因此，管理的一个重要层次就是信息流动，这里包含这样一些问题：组织信息的正式传递，组织信息的过滤，组织信息的发布，组织信息的沟通方式，组织信息的形成与控制。在这些问题中，是由一个要素贯通的，这个要素就是你与你的上司之间的信息流动。所以，你们之间的信息交流是否顺畅就显得很重要了，因此你一定不要借助第三者来传递信息，更不要对信息有所保留，这样都会防碍信息流动。

诚实与可靠。下属与上司之间只能用一种状态来描述，那就是诚实与可靠。记住管理是一个相互依赖的关系，是配合和协助的关系。很多情况下，下属要不让上司觉得难堪：事前提醒他（她）、保护他（她），以免其在公众前受到屈辱；永远不低估他，因为高估没有风险，低估会引起反感或者报复。

合理利用时间与资源。对于下属而言，上司的时间和资源就是你要争取的内容。时间的意义在于可以让信息流动顺畅，可以感受各自的期盼，时间最好的作用是能够带来机会，一个可以信任的机会。上司的资源最直接的功效就是为你的工作提供帮助，每一个上司都希望他能够为公司的工作发挥作用。很多时候我们都忽略了这一点。很多管理人员很得意于自己独自解决问题，很自豪于自己独自完成任务，但是他没有想到，也许借力会有更好的效果。记得有一个小故事说一个5岁的小孩与妈妈到一家商店买东西。老板很喜欢这个小孩，就对他说，你可以自己拿些糖吃，这个小孩却怎么也不拿，结果老板自己拿了一把给了他。回家的路上，妈妈问小孩为什么自己不拿，小孩说，我的手太小了，我自己拿的一定少，大人拿的会很多。此例尽管不那么准确，但你与上司的资源共享也是同样的道理。

努力设法发挥上级管理者的长处。大凡上级管理者的能力不够时，下级人员是无法提升的。上级如果没有晋升，部下就只好屈居其下。如果有一天上级因成绩不佳而调走了，继任他的人选往往不是本部门的有所作为的年轻人，大多是从别的部门调来的。反之，对一个下级人员来说，有一个晋升快的上级等于踏上了最易成功的道路。因此，发挥上级的长处是下级人员自身有发展的关键。只有发挥上级的长处，下级人员的贡献才能被上级所认可、所运用。要让上级的长处得到发挥，不能用阿谀奉承的办法，而应坚持原则，并以一种能为上级所接受的方式提出。

尽管是你的上司，他也需要从你这里得到一种“安全感”，否则你也会没有安全保障。

每个人工作的目的之一就是为了生活，身为上司者也不例外。你怕坐冷板凳，怕丢掉工作，怕得不到信任，做你上司的人其实也和你一样，他所担心害怕的比你更多。对你而言，他是上司，但在他上面，还有上司，他又成了下属。作为上司，他还要带领下属好好工作，如果你能力不强，他怕事情做不好而让他承担后果；如果你能力太强、事事出众，他又怕管不住你，动摇他的领导权威，更怕你抢了他的位置。所以，你应该学会以下几点：

（1）不时向自己的上司“请教”——有些东西明明你懂得比他还多，但你还是要尊重他的职位，和他讨论某项计划，请他“指点指点”。上司看到你如此尊重他，当然就对你放心了。

（2）不要事事做得过于完美——也许你很奇怪，难道事情做好了还有什么错？当然不是你的错，但你要掂量一下情势，不要以为十全十美一定会得到上司的赞美，有时还会招致嫉妒。

（3）不要忘记赞美你的上司——当然不是拍马屁，因为光拍马屁，也许拍的不是地方或者拍得重了，会适得其反。要记住，员工需要上司的夸奖，上司其实也需要下属的赞美，尤其是在上司的管理者在场的情况下。你对他的赞美一方面表明了你对他的服从，另一方面，你也替你的上司做了一次公关活动，他怎会不对你心存感激。

每个人都有自己的心理防御系统和自卫空间，如果你侵犯了他人的领地，就会遭到反击。无论怎样，作为下属，切忌目中无人，尤其当你能力很强的时候，更应该留出一点空间，让你的上司立足有余。这是一种与上司相处的艺术，也是一种生存手段。

彼得·杜拉克曾说过，你不必去喜欢和尊敬你的上司，你也不必去恨他，然而你确实必须去管理他，这样，他才会成为你达到目标、取得个人成功的资源。

对待上司，不能以谄媚的方式惟命是从，而应该采取实事求是的态度，以上司能接受的方式提出正确的意见。在此之前你需要先了解：你的上司究竟能做些什么事？他过去真正做好过哪些事？他需要你完成些什么事情来帮助他？然后你应该努力发挥自己的特长，设法给予上司最大的支持和帮助。一旦上司发现你能够真正支持、帮助他，他就会乐于听取并采纳你提出的有关政策和管理的意见。

要管理上级，前提是必须“尊重”上级，这决不仅仅是一种态度上的表示，更主要的是应该体现在下属的思维方式、行为方式和心理活动上。因此，这种“尊重”，不仅应该让上级“看”出来，更应该让上级从内心“感觉”出来。这种“感觉”，主要体现在以下四点：

其一，要使上级感觉到，下属在指导思想和大目标上，和上级完全一致，都是出于公心，为了把工作做得更好。

其二，要使上级感觉到，下属在思维方式上，能够大胆创新，勇于开拓，既立足微观位置，考虑本职工作，又站在宏观位置，替上级管理者出点子、想办法。这种积极的、多维的思维方式，促使下属想方设法做好他分管的那一部分工作。从根本上说，正是为了对上级分管的整体工作给予最有力的支持。

其三，要使上级感觉到，下属在行为方式上，能够积极出谋划策、畅所欲言，甚至勇于大胆提出不同意见，并非为了“出风头”，企图“超”过自己，恰恰相反，正是为了维护自己的威信，真诚地助自己一臂之力。

其四，要使上级感觉到，下属在心理活动上，对于自己布置的每一件工作、做出的每一项决策，都认真“想”过，并且在尽力贯彻执行。

至于在某个具体问题上提出来的合理意见，那也是下属经过认真“思索”之后，迫不得已提出来的合理意见。总之，下属在整个心理活动中表现出来的对上级的尊重态度，无可挑剔。

在通常情况下，下属只要能使上级从内心产生上述“感觉”，建立协调的上下级关系就不会困难。和上司建立好协调的关系，对你事业上的发展将会大有裨益。

要有良好的职业道德品质

13. 你是公司的采购主管，在确保产品质量达到标准且价格低于其他供应商的情况下，你选择一位客户成为了你们公司的供应商。事后，那位客户私底下送给你一笔佣金表示感谢，并且保证这件事只有他和你两个人知道。这时，你会怎么办？（　　）

A. 在确保只有你们两个人知道的情况下，收下那笔佣金

B. 那位客户能成为你们公司的供应商，是因为他的产品在质量和价格上的确有优势，而不是你徇私舞弊的结果，收下也没关系

C. 收下佣金，然后交给公司

D. 坚决不收佣金，如果客户一再坚持，可以跟他说："就算我们交个朋友吧！朋友之间互相帮忙，就不要谈钱的事了。"

这道题答案选D（坚决不收佣金，如果客户一再坚持，可以跟他说："就算我们交个朋友吧！朋友之间互相帮忙，就不要谈钱的事了），这是提醒你要有良好的职业道德品质。

最为基本的管理道德规范有：

第一，忠于职守；第二，严以律己；第三，表里如一；第四，团结

协作。

职业道德是从事一定职业的人们在职业劳动中必须遵循的行为规范的总称，是社会道德在职业活动中的具体表现。在管理领域里，一般来说，人们常讲的职业道德大致可以包括职业态度、职业纪律、职业作风和职业良心等方面的要求。

杰克·韦尔奇说过：“在通用电气没有人会因为失掉一个地区、失掉一个客户或犯一个错误而失去工作，每个人都知道这一点。否则，如果在那样一种气氛里，公司将会瘫痪。人们有第二次机会，许多人还有第三次、第四次机会，并且可以得到培训、帮助甚至可以调换到不同的工种。惟一有一种表现失败没有第二次机会的情况，那就是明显地违反道德。假如你犯一次，那么你就被开除了……”

要走向成功，需要以德立身，这是一个成功的管理者必须确立的内在标准。没有这个内在的标准，人生之路就会失去支撑，最终失败将是无法避免的。

以德立身贯穿于每个人的全部人生之中。在人生的不同阶段，道德对于人的要求虽有着不同的变化，每个人体验和经历的内容也不一样，但是，“以德立身”的人生支柱是不变的，它对每个人的“人生大厦”起着支撑作用的定律也是不变的。

诚实、讲信用，是成功管理者的优秀品质。重信用的管理者才会有忠实的跟随者。所以，领袖的第一法则就是建立个人可信度，谨防说是一套，做又是一套。让他人失望，会使自己的管理权威荡然无存。

人们只会向他们信赖的人寻求帮助。在很大程度上，一个充满彼此信任和温馨的环境取决于管理者。让下属缺乏安全感的管理者，是无法激发下属为之努力奋斗的动力的，效率自然不会高。

未来的企业需要有感染力和凝聚力的管理者，他们知道如何靠言传身教和身体力行来不断增强感染力和凝聚力。这样的管理者相信一诺千金，他们不是把信任建立在地位所带来的权威之上，而是靠自身对承诺的兑现所产生的感染力来影响大家，以此坚定人们的信念。

成功的管理者对自己和追随者都必须诚实。你可以一时愚弄某些人，但迟早你会因为得不到信任而被迫离开管理者的岗位。靠不住的人很少能成功地担任管理者工作。作为出色的管理者，你要想赢得信赖就必须公正地对待你的所有雇员。你应该努力作一个直来直去的人，永远开诚布公、公正正直和光明正大。如果你赢得了这些声誉，那么，你的大多数雇员将会以同样的态度做出反应，他们也将公平、正直地对待你，在所有交往中都光明正大。

显然，这些并不是你需要具备的仅有的品质，才智、声望和忠诚之类的品质也很重要。

从用人的角度来说，德与才是不可分割的。对于水来讲，有德之水温和柔顺，这样可以行船载物或灌溉良田；而无德之水会泛滥成灾，殃害百姓。对于木来讲，德使它能曲能直，这样才可以造船作桨，或作为栋梁椽檩；无德之木逢强则曲、遭曲则折，只能做引火之用，永远成不了“大气候”。所以，以德服人是最好的统治方法。

一个有道德的人，他的才能越大、技术越高，他必须越谦卑，用他的才能和技术做出更多的贡献。此时，人与人之间的道德关系，就能更加和谐融洽。相反，一个没有道德的人，他必然会以自己所掌握的技术和才能来为自己谋取私利，同时损害他人的利益。此时，人与人之间的道德关系，也就必然会更加恶化。

毫无疑问，德与才是相互促进的关系。德像水的源流，德要活起来要靠才的推动，德才兼备则清波荡漾、川流不息，永远有前进之势。德又像树木的根，只有它深深地植于沃壤之中，才的枝叶才会繁茂。德才相济则万倾林涛，勃勃生机，永葆其生命的旺盛。纵观天下成功的事例，都是德才相济的典范。

一名拥有良好的职业道德品质的管理者，人生之路将更加灿烂。

勇于担当方能赢得信任

14. 你是公司的销售主管，有一次你跟随新来的下属去拜访一位老客户，老客户当着你和新下属的面，不客气的指责上个月售后服务不到位，言下之意就是说这个新来的下属做事不行。这时候你应该怎么做？（　　）

A.当面质问你的下属，问他为什么会这样？然后当着客户的面严厉批评下属

B.跟老客户开玩笑，说都是老关系了，别在意那么多

C.先跟老客户说声对不起，然后解释一下为什么，就说新来的下属业务上还不熟练，一定会尽快的适应工作，下不为例

这道题答案选C，这是因为你作为下属的领导，首先应该对你的下属负责，下属做的不好与你的领导也有直接的关系，这时候一定要懂得担当，为下属担责任就会赢得下属的信任，更能够赢得客户的信任。

勇于替你的下属承担某些责任，你将会拥有一个团结的集体，下属的努力工作，将是你前进的必备条件。

作为管理者，你手中拥有权力，而这种权力又是你的下属以自己的

不断努力和成功来支持你的。权力应该和责任相对应，权力越大责任则越大。

下属信任你，在某种程度上，不是因为你的权力，而是因为你能够承担责任，有祸自己扛。当下属出了问题时有人帮他一起分担，此时的关怀和宽容更会令下属感动，更会增加下属对你的信任，激励出下属更大的干劲。

一个人即使再聪明、再缜密，也有考虑不周的时候，于是就会不可避免地犯错——估计错误、判断错误、决策错误。

当一个人犯错时，一般有两种反应：一种是死不认错，而且还极力辩护。这一点可以理解，因为这是人性的一种本能反应，也是生存的一种手段，怕认错就会丢掉“饭碗”。另一种反应是坦白认错。

第一种反应的好处是不用承担错误的后果，这就是为什么有些人虽然证据明明摆在眼前，还死不认错的道理。此外，也可避免别人对你的形象及能力的怀疑。可是，这种死不认错的做法并不是一种上策，因为死不认错的坏处比好处要多得多。

姑且不论需要承担的是什么责任，不认错和狡辩会损坏自己的形象。不管你口才多么好，又多么狡猾，如果你逃避错误，那么他人就会认为你“敢做不敢当”“没担当”等。于是，本部门的管理者不再信任你；别的部门的管理者也“怕”你三分；同事们更因怕你哪天又犯了错，拖他们“下水”，他们会疏远你，拒绝与你合作。最重要的是，不敢承认错误会成为一种习惯，会使自己丧失面对问题、解决问题和避免问题的能力和机会。所以，不认错的弊大于利。

正确的做法是，为自己塑造一种“勇于承担责任”的公众形象。

无论是管理者还是同事，他们都会欣赏、接受你的这种做法，因为你把责任承担下来，不诿过于他们，他们感到放心，自然尊敬你，也愿意跟你合作，更会替你传播你有责任心的品质。同时，通过勇于承认错误，你也能以此磨练自己敢于面对错误的勇气和解决问题的能力。

勇于承担风险和责任，你得到的比失去的要多。

不要求全责备

15. 你是公司的部门主管，你要去完成一项重要的工作。这项工作你一个人完成不了，还需要再挑3个人协助你。你可以从本部门挑选，如果你觉得本部门的人不适合，也可以从别的部门挑选。现在你们部门有以下3名员工：

小王，工作能力很强，也很有热情，但性格急躁，容易冲动；

小李，工作很勤奋，做事很谨慎，但工作能力平平；

老刘，公司老员工，很有经验，工作踏实，但思维有点僵化。

你可以从这3人中挑选1个，或2个，或3个，也可以一个也不挑。如果没有达到3个人，你可以从别的部门再挑选人员。这3个人中，你会挑选哪个人呢？（　　）

A. 挑选小王

B. 挑选小李

C. 挑选老刘

D. 一个也不要

这道题答案选A（挑选小王）、B（挑选小李）、C（挑选老刘），这是提醒你对人对事不要求全责备。谁都有缺点和不足，别的部门也没有完美的人。

我们知道，世无完美之人，金无十足之赤。人，总是优点、缺点并存。恃才傲物，常为能人之病；大才者，不拘小节；异才者，常有怪癖；才气越高，往往其缺点越明显。所以善用人才者能够视其大而忘其小。

在一个人的身上，其才能有长处也有短处，委用人就要用其长处而不责备其短处。因此，用人不可求全责备，应用其所长，舍其所短。对偏才来说，更应当舍弃他的不足之处而用他的长处。

那些自以为精明的管理者，最容易触犯的是求全责备的用人大忌。对人要求过严，希图“完美”，容不得别人半点缺陷，见人一“短”，即不及其余，横加指责，不予任用。这种求全责备的方法压抑人的工作积极性，限制人的成长，阻碍人的智能的充分发挥，它使人谨小慎微，不思进取。

对人不应求全责备，对事也是如此。

世界上少有完美的东西。即使当我们自以为已达完美的时候，实际上也未必就完美。我们日常使用的“完美”一词，往往不过是“很好”“非常好”的代名词罢了。追求完美，在很多情况下都是苛求。

现实生活中是有一些人喜欢追求完美，他们往往也肯为之努力。但是实际上并不存在的完美使他们的追求成了永无止境的苦役。有些人到后来便变得灰心失望、一蹶不振。而管理者苛求完美所得到的危害还远不止于此。

如果下属所做的每一件工作都以满分为目标，反而会影响工作效率。试想，一个工作人员本来一天可以完成两份报告，如果管理者从百分之百完美的要求出发，要求每个字都必须铁划银钩，像练习书法一样，每个标点符号都必须像印刷出来的，行文不仅要清楚明白，而且要显示出文学造诣，但又必须简洁，不能写得像小说、散文。如此一来，这个办事员恐怕一天连一份报告也无法完成。少写几份报告，或许事情还不算太大，若是处理大事上也出现这种情况的话，岂不糟糕?

对每件事情都要求满分，是大多数下属办不到的。这么一来，要指责的事就多了。有的管理者一向喜欢整洁，看到下属办公桌上的东西放得乱七八糟的就皱眉头；有的管理者喜欢朴素，下属在衣着上稍不入其眼，就会被他指责。这只会造成下属的极端不满。而且，“虱多不痒，债多不愁”，指责太多了，也就失去了作用。当你指手画脚，把所有的人差不多都批评了一遍之后，下属们不过是相视一笑而已。很多人还会在肚里说一句：“我们的头儿真是个怪人！”

对于工作场所而言也是如此。所以有人说：“过于精明能干的上司，不易培养出好的下属。”让下属看到上司如此高水准的一面，会使下属颓废丧志，并降低学习的兴趣。

所以，在刚开始时，对下属不要有过高的要求或期望，并尽量表现出身为上司的你也可能失败。换句话说，应当以次一级的目标来要求下属，然后再使之循序渐进。

当你的员工犯错误时，对他的处理一定要慎之又慎。不少管理者的做法是狠狠地训斥犯错误的员工，这会使他闷闷不乐，甚至心存报复之意。这样并无助于问题的解决。既然错误已经犯下，就只能在如何减少错误的损害程度和避免重犯上下功夫，使错误成为通向成功之路的铺路石。

因此，应该用善意的态度去同犯错误的人谈话，鼓励他用积极的观点去看待错误。通过有意识地原谅下级的过失或错误、维护员工自尊心的做法，激励他们的进取行为，使其不致因过失和错误而灰心丧气，却步不前，从而将错误经历转化为一种强烈的动力，最大限度地发挥出其聪明才智。

选聘人才，自然希望人才优秀，但也应求真务实，不要不切实际地追求全才。吹毛求疵，求全责备，除了能给自己赢得一点虚名之外，对本单位的事业发展有害无益，门槛太高不见得能招到人才，而且一大批可用之才被挡在门外，挑选受限，也难以收到理想的招聘效果。

企业用人时要辩证地看待人才的优缺点，坚持“用其所长、避其所短”的原则，量才而用，鼓励员工充分发挥自身潜能。同时，要允许其犯“合理的错误”，切忌求全责备。

“金无足赤，人无完人”，这本来是很自然的道理。但是，在现实生活中，总有个别管理者要求选拔任用的人才十全十美。为此，他们对于实践中的、成长中的人才再三苛求，百般挑剔。以至于在考察下属中，经常出现第一次看不成熟，第二次看不理想，第三次看还欠妥当的结局。在这种求全责备的心态支配下，相当多的有潜质的基本成熟的人才，在多次的考察过程中“靠了边”。

尺有所短，寸有所长，人有其长，必有其短。人才难得，是人才必有出众之处。而人才又有他的独特个性，他们一般不会随波逐流、趋炎附势，但常常对上司不亲不热、敬而远之。这毕竟是现实存在的。大才者常不拘小节，异才者常有怪癖，恃才自傲往往是通病。好马有千里奔驰的长处，也有落拓不羁的缺点。奇人奇才既有大志雄心，往往又恃才自傲，不流俗随众，对这种人才求全责备，势必会将其埋没。

如果一个管理者老是挑剔下属的毛病，就会极大地削弱他们的工作热情，甚至会使他们产生反感的情绪，这样就会影响他们的积极性、主动性和创造性，以及在工作中的正常发挥，从而对企业发展产生不利的影响。所以，每一位管理者都应该努力做到“严于律己，宽以待人”。如果管理者只会把工作硬塞给下属，而不给他们应有的权限，那么，一旦工作不能朝他们想象的方向发展的话，他们就会无法安心，训斥下属，缺乏宽容，难以原谅下属的错误。下属跟着这种管理者工作，总会提心吊胆，不敢放开手去做，因为怕犯了错误，却得不到起码的谅解，久而久之必对工作失去热情。而胆怯的下属遇上这样的管理者就会畏缩不前，管理者不说让他做，他就不会在工作中主动去做，因为这样可以少犯错误。这样一来，他们就根本无法发挥自己的能力，有时候刚想表现一下，但因管理者的一句话，或同事的一点劝告，干脆全盘放弃，转身走人。

勿求全责备是一则重要的管理之道。作为一个管理者必须能够想得开、看得远，从发展的角度去考虑，从大局考虑，对人对事不要求全责备。

目标要分成长期、中期、短期

16．你是公司的销售部门经理，公司要求你制定一个部门的销售业绩目标。为此，你召集部门全体员工开会，一起商讨该如何制定销售目标。会议上，大家众说纷纭：

甲说："目标要有长期性，我建议以一个年度为一个目标段，这样有利于大家一直保持着前进的动力。"

乙说："目标太长远会使人产生压力太大的感觉，我建议以一个月为一个目标段，这样有利于增强大家的成就感，使大家工作起来更有激情。"

丙说："目标太长或太短都不好，我认为可以折衷一下，以一个季度为一个目标段。"

你同意哪个员工的观点呢？（　）

A．甲

B．乙

C．丙

这道题答案选A（甲）、B（乙）、C（丙），这是提醒你在制定目标的时候，应该把目标分成长期、中期、短期。

现代的马拉松选手，都是以每5公里为一个阶段进行比赛。也就是说，起跑之后，调整自己的步伐，以5公里的目的点为追赶目标，到了之后，再接着跑下面5公里的路程。如此这般，将42.195公里的长距离细分成许多段路来跑完。换句话说，并不是一口气地到达终点，而是每5公里设一个中间目标来完成。

这个方法，也适用于管理，任何人都是随时在朝向目标持续前进，可是如果目标过于远大无法实现，就会丧失努力的冲劲。即使是努力了，也很容易在中途松懈下来，这是因为缺乏成就感的缘故。

若是目标可以实现的话，谁都会抱着希望积极地、持续地去努力。

在企业管理中也是如此，订立的目标有可能实现的话，不仅会竭力去做，也会抱着希望。相反，若是不知道工作什么时候可以结束，就没有继续做下去的意愿。

任何人都一样，无法持续地做没有意义的努力。如果管理没有任何目的，只是每天反复地做着不知道结果的工作，任何人都无法坚持下去。所以，清楚自己目前正在做的事，并清楚这件事在远期目标中处于什么位置、有什么意义，才是最重要的。只要在管理中了解自己在努力的过程中所处的位置，就会冲劲十足，效率大增。

了解一下下面三组队伍沿着公路步行到达1万米外的村子时不同的态度，也许会有利于我们加深对这一观念的了解。

甲组不知道去的村子叫什么名字，也不知道它有多远，只告诉他们跟着向导走就是了。这个组刚走了两三千米就有人叫苦了，走到一半时，有些人几乎愤怒了，他们抱怨为什么要大家走这么远，何时才能走到，有的人甚至坐在路边，不愿再走了。越往后走，人的情绪越低，七零八落，溃不成军。

乙组知道去哪个村子，也知道它有多远，但是路边没有里程碑，人们只能凭经验大致估计需要走多长时间。这个组走到一半时才有人叫苦，大多数人想知道他们已经走多远了，比较有经验的人说：“大概刚刚走了一半儿的路程。”于是大家又一起向前走。当走到3/4路程的时候，大家的情绪又开始低落，都觉得疲惫不堪，而路程似乎还长着呢!当有人说快到了的时候，大家又振作起来，加快了脚步。

丙组最幸运，大家不仅知道所去的是哪个村子，它有多远，而且路边每1000米处都有一块里程碑。人们一边走一边留心看着里程碑，每看到一个里程碑，大家便有了一阵小小的满足。这个组的情绪一直高涨，走了七八千米以后，大家确实觉得都有些累了，但他们不仅不叫苦，反而开始大声唱歌、说笑，以消除疲劳。最后的两三千米，大家越走情绪越高涨，速度也加快了，因为他们知道，他们要去的那个村子就在眼前了。

我们可以将目标的实现分成若干阶段，这样既不至于使目标太大，难以激起员工的兴趣，又不至于使目标太小，让员工觉得没有意义。

为了达到最后的结果，就必须从最末位的目标开始，一步一步地向前面的目标迈进，循序渐进地完成每个目标。最末位的目标必须最接近目前的状况，且尽可能地详细而现实。也就是说，最末位的目标必须是可以达到的。达到了以后，再向更高的目标努力。

把目标分成长期、中期、短期，你离成功将越来越近！

尊重每一位员工

17. 你是公司的行政办公室主任，你手下有三名下属：

办公室副主任，一向对你不满，一直想取代你的位子；

打字员，和你私交很好，在工作、生活中都帮了你很多忙；

打扫卫生的清洁工，是公司职位最低的员工。

中秋节临近，公司决定给每名员工发一箱苹果。不巧的是，分给你们部门的四箱苹果中有一箱因为在运输途中出现问题，有一部分已经烂掉了。你本来想抽签决定，但你知道，如果这箱苹果被副主任分到了，有可能使你们的关系更加紧张；如果被打字员分到了，他可能会对你产生不满的情绪；而你的妻子知道你们公司分苹果，嘱咐你带一箱好的回去，准备送给你的岳母。在这种情况下，你认为下面哪种做法可行？（ ）

A. 把那箱苹果分给清洁工

B. 把那箱苹果分给自己，然后再买一箱好的带回家

C. 将四箱苹果集中到一起，好的、坏的搭配着分成四份，每人一份

这道题答案选B（把那箱苹果分给自己，然后再买一箱好的带回

家）、C（将四箱苹果集中到一起，好的、坏的搭配着分成四份，每人一份），这是提醒你要尊重每一位员工，不能因为某个人的职位低而轻视他，不尊重他。

作为管理者，应该经常想想怎样更好地管理员工。而管理员工首先要尊重员工。许多管理者认为，自己是管理者，员工是下属，因此理应受到员工的尊重，哪有做管理者的尊重下属之理？持这种观点的管理者，只是将自己扮演成一个发布命令的角色，十有八九是得不到员工的拥护的。而优秀的企业家则不会如此。

日本企业界权威人士土光敏夫曾经为日本经济振兴做出过巨大贡献，特别是在他后半生里更是宝刀不老，业绩斐然，这就得益于其尊重员工的管理者作风。土光敏夫就任东芝社长时，已是68岁高龄，可是他不辞辛苦，遍访东芝各地工厂和营业所，同许许多多的员工交谈，乐此不疲。

一次，他到了川崎的东芝分厂，厂里的员工说：之前的历任社长从未来过，如今土光社长一来，员工们干劲大增。他在总部的办公室完全对员工开放，欢迎他们前来讨论问题。刚开始时，员工们还不够踊跃，但他耐心等待，半年之后他的办公室就变得门庭若市。土光敏夫认为，管理者的责任是为员工提供一种良好的工作环境，让每个人发挥所长。

根据这种想法，他在公司实行“自己申报”与“内部招募”相结合的人事制度，即如果员工认为自己在哪里最能发挥其所长，可以主动申报。同时，公司某个部门需要某一类人才时，先在公司内员工中招募，以鼓励员工在公司内充分流动。这种尊重员工的做法收到了极好的管理效果，工人们干劲充足，公司业务蒸蒸日上，并赢得了全球的美誉。

对员工的尊重是企业经营管理的核心内容。尊重首先要平等待人。

企业管理的中心是对人的管理，人与人之间虽然职务不同，但在人格上都是平等的，只有在平等的基础上管理，才能激励员工奉献出他们的聪明才智。

满足被尊重的欲望，员工们的积极性才会被调动起来。因此，对管理者而言，要想成功地激励员工，一定要像尊重专家那样尊重每一位员工。

管理者应该清醒地认识到：管理者和员工之间没有贵贱之分，有的只是级别之分。在这层认识的基础上，管理者应争取做到不摆架子。这是尊重员工的根本条件。

尊重员工，管理者也就解除了与员工之间的感情障碍，会得到他们的拥戴；员工的被尊重这一需要一旦得到满足，他们从内心中就会产生优越感和强大的自驱力，并能高效率地完成工作任务。所以著名管理专家H·罗斯·佩罗特说过：永远不要对你的员工颐指气使。如果你自以为是、任意行事，员工们就会变得唯唯诺诺，这样一来，他们的创造力也就无从谈起，结果可想而知。而且，从某种程度上讲，也没有几个人能容忍一个滥用特权的上司。

总之，所谓好的管理者乃是尊重人的管理者，他并非以工作为重心加以监督，而是以人为重心加以信赖。对下级从不以支配者自居，是一种懂得下属心情与立场的管理者。员工得到上司的尊重，心中就会有满足感，他们更会竭尽全力做事。

对于企业的员工而言，最能体现其价值的除了报酬外，尊重应该是最起码的体现。然而，总是有一些企业的管理者想尽各种办法监控员工的行为，甚至干涉员工的隐私，结果却引起了激烈的争论。

现在是知识经济时代，作为现代管理者，需要懂得用巧妙的手段管理员工，而不是借助一些高科技的方法给员工制造心理压力。如果要让员工踏踏实实地为企业服务，就给予他足够的空间，这个空间包括他的个人自由。作为管理者，有必要对员工的隐私给予基本的尊重，而不是成天寻思如何破译员工的邮箱、查看其上网记录，甚至对员工的任何事情都要刨根问底。没有树立自觉工作的企业文化就不能激励员工努力工作的热情，手段再先进也无法让员工人尽其才，相反只会引起员工的反感和误会，使事情越做越糟。

尊重员工还应包括对不同思维的容忍。作为一个企业管理者，如果存在求同思维，凡事要求员工的思维和自己一致，这对个人、对企业都是不利的。如果你不能容忍不同的思维，只喜欢提拔那些想法、做法和你一致的人，就会在你的周围聚集一批与你思维相似的人，那就根本谈不上思维创新，当你遇到困难时，你周围的人并不能帮你，因为他们的想法和做法与你如出一辙。

惠普中国公司原副总裁吴建中曾说过：一个好的企业和好的经理人始终牢记这一条，他的职责是帮助员工成功，如果经理用权力欺压员工，就不是一个称职的经理，至少不是一个具有现代意识的经理，怎么看他也像一个旧社会的工头，经理最重要的事情是要用他的权力、他的专长、他的影响力来帮助员工成功。

“以人为本”强调的是以人为中心，即尊重人、理解人、关心人、依靠人、发展人和服务于人。其核心是尊重人、激发人的热情；其着眼点在于满足人的合理需要，从而进一步调动人的积极性。在企业，“以人为本”应该体现为管理者和员工相互为“本”：一方面，管理者是企业的核心与灵魂，“火车跑得快，全凭车头带”，作为企业员工，应该尊重、理解和支持企业管理者，以管理者为本；另一方面，作为企业管理者，更要懂得“众人划桨开大船”的道理，要尊重、理解、关心员工，多为他们创造成功的机会，以员工为本。

“以人为本”是企业管理的精髓，我们平时一谈到管理，尤其是对人的管理，往往首先想到的是如何对员工进行“约束”和“压制”，事实上这样的管理往往适得其反。

一个聪明的企业管理者应在“尊重”和“激励”上多下功夫，先了解员工的需要，然后去“满足”他；万万不可先聘用他，然后再“榨干”他。

宽严结合，刚柔相济

18．你是公司的人力资源主管，有一个为公司工作了20多年（再过几年就要退休）的老员工，因为在工作中出现重大失误，给公司造成了损失，按照公司制度他应该被开除。老板说这件事由你决定。在这种情况下，你认为下面哪种做法可行？（　　）

A．规章制度既然制定出来，就必须遵守。那位员工既然犯了错误，就应该开除

B．这位员工已经为公司工作了20多年，而且又快要退休了，应该给他一次机会

C．还是要按规章制度办，但可以给他一定的经济补偿

这道题答案选B（这位员工已经为公司工作了20多年，而且又快要退休了，应该给他一次机会），这是提醒你要宽严结合，刚柔相济，得饶人处且饶人。

每个人的智慧、经验、价值观、生活背景都不相同，因此与人相处，相互间的冲突和争斗难以避免，不管是利益上的争斗还是权力上的争斗。而这种争斗在竞争激烈的商界尤其明显。

大部分人一旦陷身于争斗的漩涡，便不由自主地焦躁起来，一方面为了面子，一方面为了利益。因此一旦自己得了“理”，便不饶人，非逼得对方鸣金收兵或竖白旗投降不可。然而“得理不饶人”虽然让你吹起胜利的号角，但这也是为下次的争斗准备的“前奏”。因为这对“战败”的对方来说它是一种面子和利益之争，他当然要伺机“讨”回来。

得理不饶人，让对方走投无路，都有可能激起对方“求生”的意志。而既然是“求生”，就有可能使对方“不择手段”，结果会给你带来伤害。这好比一只老鼠被关在房间内，你不让它逃出去，老鼠为了求生，将咬坏你家中的器物。而放它一条生路，它认为“逃命”要紧，便不会给你造成损失。

当对方“无理”时，自知理亏，你在理字已明之下，放他一条生路，他会心存感激，来日自当图报；就算不会如此，也不太可能再度与你为敌。这就是人性。

得理不饶人，伤害了对方，有时也连带地伤害了他的家人，更甚者会毁了对方，这有失厚道。得理且饶人，是一种美德。

人海茫茫，却常“后会有期”，你今天得理不饶人，哪知他日你们二人不会“狭路相逢”呢？若届时他势旺你势弱，你就有可能吃亏！“得理且饶人”，这也是为自己留条后路！

社会是由不同的人组成的，人生活在社会里，不管生活、上班，还是经营自己的事业，都会和别人产生一种互动关系。换句话说，人是靠彼此互助才得以生存，即便是流落荒岛的鲁宾逊也都要有一位名叫“星期五”的伙伴，更何况身处这一竞争激烈的社会中的我们呢？因此，“得罪人”也是一种剥夺自己生存空间的行为。

得罪一个小人，就为自己埋下一颗不定时的炸弹。得罪君子了不起大家不讲话，各干各的；但要是得罪小人可就没完没了，他不采取报复，也要在背后对你造谣中伤，你有理也可能会解释不清，多不值得。

懂得宽严结合、刚柔相济的管理者，才是优秀的管理者。

群策群力，依靠集体智慧

19．你是一家消费品公司策划部的主管，公司开发了一项新产品。你的上司——策划部经理让你策划一个新产品的推广方案。你会怎么做这个方案呢？（　　）

A．向上司——策划部经理请教，听听他的意见

B．召集下属开会，听听他们的观点

C．到商场里去征求销售人员的意见

D．做一个市场调查，了解消费者的想法

这道题答案选A（向上司——策划部经理请教，听听他的意见）、B（召集下属开会，听听他们的观点）、C（到商场里去征求销售人员的意见）、D（做一个市场调查，了解消费者的想法），这是提醒你要善于依靠集体的智慧，多听取他人的意见和建议。

面对众多的下属，管理者应以管理者的智慧结晶作为基础，随着企业的发展，更应禁忌那种缺乏生机的官僚决策方法。

决策过程中，形势往往十分复杂多变，作为决策者，要尽量减少人为的判断因素而掌握科学决策的方法。

日本企业管理模式的成功是建筑在“四大支柱”的基础之上的。这“四大支柱”是：集体主义经营、终身雇佣制、年功序列工资制和企业工会。其中集体主义经营是基本的管理哲学。在处理企业内部的关系问题上，每个人均应把集体的“和”放在第一位，在这个集体中融合着个人的主张和个人的利益。日本企业主张，企业是有组织的追求盈利生活的共同体，其内部的每个职员要共同地参与企业的各项经营决策。实质上集体主义经营是从日本的“家庭主义经营”的基础之上进化而来的。但集体主义经营剔除了“家族主义经营”中的不合理部分，保留了其合理内核。

集体主义经营主要表现在“全员管理”上。例如，集体决策、全面质量管理等。与美国企业的个人式决策不同，日本企业的决策方式是集体决策，即任何重大决策均要由企业各层有关人员充分讨论、酝酿后，才由高层管理者做出最后决定。自下而上、层层商议，最后集思广益。

企业的管理者们不仅要具有管理技术和环境的才能，以及富于创新和主动精神，而且还要善于听取他人的意见，成为易于与员工交流的人。米勒在《美国精神》中说，公司的成功“取决于人的创造力，经理的首要任务就是创造一个良好的环境，使每个人都能最大限度地发挥聪明才智”。能否成为一个“团队”式的企业，也是众多企业能否迅速发展的关键。

在专业化分工越来越细、竞争日益激烈的今天，单凭一个人的力量无法完成千头万绪的工作，一个人要想在事业上取得一定的成就，除了要具备很强的工作能力外，还应懂得怎样与他人合作。懂得合作是取得成功的一个前提。

正因如此，几乎所有的企业在招聘员工时，都把“有很强的沟通能力并善于与他人合作”作为对其进行衡量的重要标准。团队精神是现代企业成功的必要条件之一。能够与同事友好协作，团队利益至上，就能够把你独特的优势在工作中淋漓尽致地展现出来，从而为自己的成功获得更多的机会。

微软中国研发院的张湘辉博士说：“如果一个人是天才，但其团队合作精神比较差，这样的人我们不要。中国IT业有很多年轻聪明的人才，但团队精神不够，所以每个简单的程序都能编得很好，但编大型程序就不行了。微软开发WindowsXP时有500名工程师奋斗了两年，有5000万行编码。软件开发需要协调不同类型、不同性格的人员共同奋斗，缺乏领军型的人才、缺乏合作精神是难以成功的。”

然而，在现代职场中有很多人都喜欢单打独斗，自认为凭借一己之力就可以打拼天下，就可以撑起一片蓝天。尤其是那些刚刚步入职场的人们，他们往往忽视应该具有的合作精神，自然无法与同事、合作伙伴，甚至客户建立、协调良好的工作关系，不但损害了群体具有的积极创新的良好氛围，还影响了整体的工作效率和组织效益，最终导致自己无法适应讲求团队精神的组织和讲求合作生财的社会。

个人英雄主义最终收获的将是失败，只有依靠集体的智慧和力量才能得到最后的成功。

做好业绩考核

20．公司年终的绩效考评结束了，小王的绩效考评分数低于她的同事小何。

小王和小何是同时应聘进入这家公司的，两个人又被分配到同一部门，做着同样的工作。这是她们进入公司后接受的第一次绩效考评，而且这一次的绩效考评结果，可能会影响到下一年度谁能够被提升的问题。

从进入这家公司开始，小王一直勤勤恳恳地努力工作，并希望自己的付出能够得到上司的认可。并且，无论从学历还是从工作能力方面来讲，小王都自认为优于小何。这一考评结果令小王产生了困惑。

这时，邻座的电话响了，电话铃声不由得使她想起了一件事情。刚刚进入这家公司后不久的一个周末，她和小何两人都在加班，因为有事情需要请示领导，所以小何拨通了上司家的电话。刚开始接电话的可能是上司家5岁的儿子，上司接了电话后，小何并没有直接谈工作，而是先问："刚才接电话的是亮亮吗？真可爱，让他再和阿姨说几句话！贝贝在叫啊，是不是着急让你带它出去了？"小王觉得奇怪，她怎么会知道上司儿子的名字？“贝贝”又是谁？

事后她才知道，“贝贝”原来是上司家的一条宠物狗。小王当时的感觉是这件事情很无聊，也很浪费时间，如果是她打电话，一定会直接和上司谈工作，别人的儿子和狗与工作又有什么关系？

现在小王开始明白了，自己恐怕是在人际关系方面出了问题，不仅仅是和上司，和同事之间也是这样。因为自己过于关注工作，忽视了和同事之间的这种沟通，并且在工作中过于认真的态度，也可能会令同事感觉紧张，会给人不够随和的感觉。但是，人际关系和工作质量有什么关系呢？小王自认为自己的工作质量和业绩是无可挑剔的，自从到了公司以来，承担了大量的工作，并且工作一直勤勤恳恳，这也是有目共睹的。为什么最后的考评结果仍然很低呢？毕竟人际关系也只是考核内容中的一方面而已呀？是不是搞好人际关系是考评的大前提？如果是这样的话，也许自己和公司的想法是不一样的。那么究竟是应该适应公司的这种方式，改变自己的个性，还是应该考虑重新找工作呢？

对绩效考评结果产生困惑的不只是小王一个人。广告部的员工因金融部员工的成绩普遍高于自己而不满，而公司里有些年纪较大的员工也认为他们的成绩低于年轻人是因为上司认为自己年纪大，绩效就一定低。

绩效考评结束了，公司却开始变得不平静了。员工的这些抱怨也传到了老总的耳朵里，他在思考，究竟问题出在哪里？

问题：

（1）为什么小王会得到这样的绩效考核结果？

（2）公司里其他员工对绩效考核结果的抱怨产生的原因是什么？

（3）在绩效考评中如何避免以上问题的发生？

这道题主要是提醒你在管理中要规范对员工的业绩考核，而不是仅凭个人喜好或者是以偏概全。

南山坡住着一群兔子。在蓝眼睛兔王的精心管理下，兔子们过着丰衣足食、其乐融融的生活。可是最近一段时间，外出寻找食物的兔子带回来的食物越来越少。为什么呢？兔王发现，原来是因为一部分兔子在偷懒。

兔王发现，那些偷懒的兔子不仅自己怠工，对其他的兔子也造成了消极的影响。那些原来不偷懒的兔子发现，既然干多干少一个样，那还干什么劲呢？因此，也一个个跟着偷懒起来。于是，兔王决心要改变这种状况，宣布谁表现好谁就可以得到他特别奖励的胡萝卜。

一只小灰兔得到了兔王奖励的第一根胡萝卜，这件事在整个兔群中掀起了轩然大波。兔王没想到反响如此强烈，效果居然适得其反。

有几只老兔子前来找兔王谈话，数落小灰兔的种种不是，质问兔王凭什么奖励小灰兔。兔王说："我认为小灰兔的工作表现不错。如果你们能积极表现，自然也会得到奖励。"

于是，兔子们发现了获取奖励的秘诀。几乎所有的兔子都认为，只要善于在兔王面前表现自己，就能得到奖励的胡萝卜。那些老实的兔子因为不善于表现，总是吃闷亏。于是，日久天长，在兔群中竟然盛行一种变脸式（当面一套、背后一套）的工作作风。许多兔子都在想方设法地讨兔王的欢心，甚至不惜弄虚作假。兔子们勤劳朴实的优良传统遭到了严重地破坏。

为了改变兔子们弄虚作假的弊端，兔王在老兔子们的帮助下，制定了一套有据可依的奖励办法。这个办法规定，兔子们采集回来的食物必须经过验收，然后可以按照完成的数量得到奖励。

一时之间，兔子们的工作效率为之改变，食物的库存量大有提高。

兔王没有得意多久，兔子们的工作效率在盛极一时之后，很快就进入了每况愈下的困境。兔王感到奇怪，仔细一调查，原来在兔群附近的食物源早已被过度开采，却没有谁愿意主动去寻找新的食物源。

有一只长耳朵的大白兔指责兔王的惟数量论，助长了一种短期行为的功利主义思想，不利于培养那些真正有益于兔群长期发展的行为动机。

兔王觉得长耳朵大白兔说得很有道理，他若有所思。有一天，小灰兔素素没能完成当天的任务，素素的好朋友都都主动把自己采集的蘑菇送给它。兔王听说了这件事，对都都助人为乐的品德非常赞赏。

过了两天，兔王在仓库门口刚好碰到了都都，一高兴就给了都都双倍的奖励。此例一开，变脸游戏又重新风行起来。大家都变着法子讨好兔王，不会讨好的就找到兔王吵闹，弄得兔王坐卧不宁、烦躁不安。有的说："凭什么我干得多，得到的奖励却比都都少？"有的说："我这一次干得多，得到的却比上一次少，这也太不公平了吧！"

时间一长，情况愈演愈烈，如果没有高额的奖励，谁也不愿意去劳动。可是，如果没有人工作，大家的食物从哪里来呢？兔王万般无奈，宣布凡是愿意为兔群做贡献的志愿者，可以立即领到一大筐胡萝卜。布告一出，报名应征者好不踊跃。兔王心想，重赏之下，果然有勇夫。

谁也没有料到，那些报名的兔子之中居然没有一个如期完成任务的。兔王气急败坏，跑去责问它们。它们异口同声地说："这不能怨我们呀，既然胡萝卜已经到手，谁还有心思干活呢？"

此例中的"胡萝卜"在管理学的范畴中，寓意为有效的业绩评价和奖励机制。企业中的每一位员工都渴求这种机制的感应和刺激，而如何让"胡萝卜"起到理想中的效果，是每一位"兔王"都必须仔细考虑的。

业绩考核作为人力资源管理的一项重要职能，其重要性和必要性已经被很多企业所接受，不少企业在建立业绩考核管理系统方面可谓不遗余力。然而，很多企业都有这种感觉：聘请专业咨询机构协助建立或者优化业绩考核系统，最后都没有实现预期效果。

不可否认，业绩考核是一项复杂度较高的管理技术，业绩考核的方法是否合理、是否科学都会影响其实施效果。然而，完全将没有实现预期效果的责任归咎于业绩考核方法是不恰当的。管理作为一门实践科学，没有任何一种管理方法或技术可以适用于任何环境，真正有效的管理技术往往不是最先进、最科学的技术，而是与其环境最匹配的技术。换言之，任何管理技术要有效发挥作用都存在一定的管理假设和前提。

1. 业绩考核是人员任用的依据

人员任用的标准是德才兼备，人员任用的原则是因事择人、用人所长、容人所短。要想判断人员的德才状况、长处、短处，进而分析其适合何种职位，必须经过考核，对人员的思想素质、心理素质、知识素质、业务素质等方面进行评价，并在此基础上对人员的能力和专长进行推断。也就是说，业绩考核是"知人"的主要手段，而"知人"是用人的主要前提和依据。

2. 业绩考核是决定人员调配和职务升降的依据

人员调配前，必须了解人员使用的状况，人事配合的程度，其手段是业绩考核。通过全面、严格的考核，发现员工的素质，进行合理的晋升或降职，更好地调配企业的人员。

3. 业绩考核是进行人员培训的依据

人员培训是人力资源开发的基本手段，但培训应有针对性，针对人员的短处进行补充学习和训练。因此，培训的前提是，首先，准确地了解各类人员的素质和能力；其次，了解其知识和能力结构；其三，了解其优势和劣势；其四，了解他们需要什么、缺少什么。同时，考核也是判断培训效果的主要手段。

4. 业绩考核是确定劳动报酬的依据

按劳分配是我们社会公认的企业员工的分配原则，不言而喻，准确地衡量“劳”的数量和质量是实行按劳分配的前提。没有考核，报酬就没有依据。

5. 业绩考核是对员工进行激励的手段

奖励和惩罚是激励的主要内容，奖罚分明是人事管理的基本原则。要做到奖罚分明，就必须要科学地、严格地进行考核，以考核结果为依据，决定奖或罚的对象以及奖或罚的等级。

6. 业绩考核是平等竞争的前提

建立市场经济，需要鼓励企业竞争，也需要在企业内部鼓励员工之间进行平等竞争、创造竞争的良好气氛。

业绩考核就是对员工的工作实际效果和由此带来的各种影响进行评估、考查，并最终得出一个准确的结果。

业绩考核是一个过程，而不是一个简单的行为，它是由诸多步骤共同组合而成的“行为集合”。

业绩考核是有时效性的，它要求在一段时间内，对考核做出明确的结论。

业绩考核是有层次性和针对性的。不同的员工和不同的部门、行业对业绩考核的内容是截然不同的。

业绩考核是有指向性的。它的出发点和终点就是通过企业（组织）的整体业绩，使企业（组织）能够更好地生存和发展下去。

业绩考核不是孤立的事件。它与企业的人力资源管理、经营管理、组织结构和战略发展都息息相关。

业绩考核应当是有效益的。业绩考核不应当仅仅成为一个“费用中心”，更应该通过考核过程，提高员工对自身工作的认知，加强员工与上级管理者之间、同级之间的沟通，形成团结、统一的工作团队，从而成为一个强大的价值创造中心。业绩考核使员工在充分地感到“被信任”，而不是“被整”的同时，认识到自身工作与既定要求之间存在的差异；能够使管理者对下属员工有一个明确的认识和清晰的把握，能够使工作中存在的潜在问题得到充分地展现，从而将“问题”化解于无形之中；能够使员工和管理者同时确定“下一步要做什么”和“怎么做”；能够真实、客观地反映员工的工作状况。

一套有效的业绩考核制度，能将个人工作表现的状况和企业总的目标紧密地结合起来。同时，有效的业绩考核制度能够突显能力突出的员工，为企业的未来发展储备人才；并且，又能发现表现较差的员工，及时加以辅导、训练，防患于未然。而业绩考核工作持续进行所获得的结果正是企业在决定各种任用决策，如升迁、降职、调薪或解雇时所参考的内容和有力的凭证。

由于业绩考核能为员工提供相应的工作回馈，有助于自我发展，在出现竞争纠纷时，又能有效地遏制同事之间的道听途说，以讹传讹。所以优秀的管理者常以公正的业绩考核，作为对部属进行评议的主要方式。进一步而言，管理者利用年度考核等正式的业绩考核方式来呈现优秀员工的努力表现，具有激励下属多加仿效的正面功效。由此业绩考核标准便成为员工设定成就的标杆，同时也加强了管理者和下属之间的相互信赖。

事实上，在考核过程中最大的赢家应该是员工。对于员工而言，他们最迫切想知道的是：公司对我的期望和评价如何？我的优秀业绩能获得什么奖赏？只有当考核具有很高的效率和公信力时，员工才能够明确知道自己哪个方面最受公司的青睐，并能理清在哪些方面还应该加强，从而进行自我调整、取长补短。换言之，如果员工是千里马，那么业绩考核就扮演了伯乐的角色。

业绩管理是管理者必须具备的管理能力。很多企业的管理者都认为业绩考核是人力资源部的事情，跟下面的部门经理无关。其实并非如此。业绩考核不仅仅是人力资源部的事情，而是每一位管理者都必须具备的手段，所有的部门经理，甚至管理者都应该掌握如何进行业绩考核。

业绩考核有助于管理者进行系统性地思考，如工作职责、工作目标、如何评价、如何激励员工发展等等一系列内容。现在我们的管理者更多关注于“事”。其实，管理者对人、对事都应该非常关注。对于一名管理人员来讲，你应该至少用60%左右的时间来关注人，而不是事情。管理者的官职越大，这个比重应越大，事情则应该是由下面的人去做。

考核可以为管理者提高团队业绩水平提供帮助，为人力资源部制定各项政策提供依据。企业宗旨和使命决定企业战略和组织发展，企业战略和组织发展决定部门的宗旨和定位，部门的宗旨和定位决定每一个人的职责定位。由此引出，企业的宗旨和使命决定企业年度目标，企业年度目标决定每个部门的年度目标，部门年度目标决定部门重点工作，而部门重点工作分解到个人就是每个人的年度目标。职位说明和个人年度目标两者加起来就是我们的关键业绩素质，而关键业绩素质是要由功能层，就是人力资源部来支撑的。招聘、薪酬、培训、业绩管理、后备干部储备等等这些人力资源功能都是支撑单位，而不是实施单位。支撑功能层的是运作支持，运作支持有两套体系：一套叫人力资源的组织发展与队伍建设，第二套就是人事信息和管理系统。岗位责任制关注的是关键业绩素质，关键业绩素质来源于我们职责的定位，来源于我们个人年度考核，所以岗位责任制更多考核的是“人”，而不是对部门进行考核。

进行业绩考核的目的有以下四点：

（1）通过进行业绩考核，提高管理者辅导员工的能力。

（2）通过进行业绩考核，加强管理者与被管理者之间的相互理解和信任。

（3）通过管理者与被管理者之间经常性、系统性的沟通，增强员工对公司的认同感以及归属感，有效调动员工工作的积极性。

（4）为薪酬、福利、竞争、培训等等政策的实施提供依据。我们给员工加工资、定奖金、处罚员工以及各种各样的福利，还有公司内部晋升是不是公平、公正，都要由业绩考核来提供依据。

业绩考核的过程有以下三步：

（1）考核人与被考核人对于被考核人的目标或工作任务达成共识。这是在目标设定阶段，通过对月度的、季度的和年度的工作目标的设定，以及价值观的行为表现和个人发展计划，确定岗位责任。

（2）考核人与被考核人就被考核人的工作目标和工作任务完成情况，以及工作中存在的问题进行面谈。这是业绩反馈和业绩指导阶段，被考核人要完成预定的工作目标，即职责的履行；而考核人要做的是激励、反馈和辅导。

（3）考核人与被考核人在业绩面谈基础之上，对被考核人的季度业绩进行评价，并提出下个季度工作的改进措施，最后对上个季度被考核人的业绩进行打分。这时，要考核三个目标：①工作目标完成的结果，这是可以量化的；②价值观的行为表现，即工作表现；③工作能力的评估。

业绩考核一定要从全面出发，要做到公平、公正。

上下相互信任是管理的基础

21. 公司质量管理部经理老吕在质量管理的总体目标、步骤、措施等方面与公司主要领导人有不同看法。老吕认为，质量管理的重要性在公司领导中并未得到充分重视；公司领导则认为，他们是十分重视产品质量问题的，只是老吕在质量管理方面并没有按领导的意思去做。最近一段时间，这种矛盾呈现激化现象。一天上午，老吕接到公司周副总的电话，通知他去北京参加一个为期10天的管理培训班。而老吕则认为自己主持的质量改进推进计划正在紧要关头，一时脱不开身，公司领导应该是知道这个情况的，他们做出这样的安排显然是不支持甚至是阻挠自己的工作。因此，老吕不仅拒绝了领导的安排，还发了一通脾气。而公司周副总也十分恼火，认为老吕太刚愎自用。双方不欢而散。

问题：

（1）你认为这里出现沟通失败最主要的原因是什么？

（2）如果你是总经理，你会怎么解决这个问题？

（3）你认为有什么方法可以避免类似事情以后不再发生？

这道题主要是提醒你在管理中要做到上下相互信任。只有上下相互信任，管理才能顺利进行。

在各种利益面前，人们有时会怀抱着戒心工作。我们会看到这样的情景：下级不相信上级的承诺，上级不相信下级的能力，同事之间更是谈不到一丝半点儿的协作……每个人都各行其是，整个团队没有任何效率，仿佛退化到史前类人猿的时代。缺乏共同的利益基础是丧失信任的最根本原因。

一个组织之间的成员如果互相信任，上级信任下级、下级也信任上级，同时，无论在上级之间或者是下级之间都一样，都被信任的氛围浸泡着，每一个人对另外一个人所做的事都十分信任。那么，这个组织产生的强大的聚合力，是其他组织无法匹敌的。

在没有信任的世界里，管理者会被认为自谋私利和独断专行，几乎没有人愿意听从他们的管理，没有人会相信其他人的能力，只有愚蠢的人和急功近利者才会去寻求建议或帮助。

信任能诱发他人全力以赴的工作热情。一般说来，人在受到信赖的时候，都会产生快乐和满足的感觉，进而诱发出全力以赴的热情。

可以肯定地说，对别人信而不疑的人，如果具备了力量和睿智，那么被信赖的人就很难产生“离心”的念头。他们不仅会被上司信赖自己的态度深深打动，而且会被上司的能力和成就深深吸引。

一个真正信赖别人的人，一定也会得到大多数人诚心诚意的信赖。毕竟，人是有感情的动物，几乎每个人都有“投桃报李”“以心换心”的想法。

说到信任问题，其实它是两个彼此相处的人应该具有的一个基本的和必要的条件。两个陌生人在一起，彼此防范是没有什么信任可言的；而一旦人们通过某种渠道互相认识、熟悉以后，彼此渴望的就是一种信任。互相看不惯的人很难有信任可言，嫌隙的存在是关系恶化的起端，离自己越近越亲的人，你应该给他越多的信任。在一个企业里，副经理、部门经理与总经理，一般职员与部门管理者，可称为手与足或臂与膀，理应得到很多的信任。如果你不给他们或给他们的信任不够多，都会影响到他们的工作。

管理者不应该等待下属信赖上级之后，自己再去信赖下属，而应该首先采取实际行动，以诚相待，主动向下属表示信赖。只有这样，管理者和下属之间才能建立起牢固的信赖关系。这是一条屡经验证的用人真理。

失去上级信赖的下属，决不是一个好下属；那么，疑虑重重，作茧自缚，不信赖下属的管理者，也决不是一个好的管理者。

信任是企业的稀缺资源，企业内部的信任可以降低管理成本，促使内部资源配置的优化；企业与社会之间互相信任则可以使二者之间的资源互换更加充分、高效。事实也证明了这一点。随着社会化程度的提高，人们的交往不再拘泥于家族内部，而是有很多的“外人”。如何与“外人”交往？最安全的路径是什么？即外人—熟人—自己人。比如在外地，一旦确认对方和自己是老乡，一股亲切感油然而生，如果是校友，那更是亲上加亲，古时结为异姓兄弟也是同理。因为只有在“自己人”之间，才好彼此用“情”，然后互相关照、互相信任。一旦对方逐渐成为“自己人”，就等于坐在一条船上，同进同退，任何事情都好办了。

信任是建立供给关系的关键；信任是各类工作团体之间、公司之间、客户与供应商之间进入解决问题阶段的起点；信任是在大型项目实施前，建立起相互理解的重要成果；信任还是为高科技产业发展和取得成功提供便利的途径之一；信任是一种复杂的社会与心理现象。信任是合作的开始，也是企业管理的基石。一个不能相互信任的团队，是一支没有凝聚力的团队，是一支没有战斗力的团队。

对于一个团队，信任具有哪些重要的作用呢？

（1）信任能使人处于互相包容、互相帮助的人际氛围中，易于形成团队精神，激发积极热情的情感。

（2）信任能使每个人都感觉到自己对他人的价值和他人对自己的意义，满足个人的精神需求。

（3）信任能有效地提高合作水平及和谐程度，促进工作的顺利开展。

情感的信任是低端的，高端的是根据契约的关系形成的信任。人和人之间毕竟是有感情的，无论是制度框架下的信任还是其他形式下的信任，都离不开感情这个因素。但是必须尽最大程度地把情感与制度分开，从而推动整个企业健康有序地发展。

想借别人的手和脑，完成自己想法的管理者，首先就要取得别人的信任。要想取得别人的信任，你不仅要诚实地对待别人，还要诚实地对待自己。人们不愿意跟不诚实的人交朋友，但是为了生存，可以为不诚实的管理者工作，可是谁愿意为一个不诚实的管理者真心卖命呢？因此，一个不诚实的管理者，管理的一定是一支出工不出力的团队。一个敢于对下属说“我不懂，你教教我”的管理者，才能成为下属真心信任的管理者；一个敢于向董事会说“对不起，我这个决定错了”的管理者，才是董事会真正信任的管理者。于是，这些人才能心甘情愿地为你工作。

1997年，华润创业接手Esprit在中国的服装零售业务。他们派了一位没做过服装业务的人出任这家公司的管理者。他把这个在1997年只有2亿元人民币营业额、盈利不到1千万元的生意，在5年之内做到了10个亿的营业额和1个亿的利润。当他被请到北京大学光华管理学院讲授中国Esprit案例时，他说："我是个外行，接手这样一个专业的公司，一开始心很虚。可是当我开始承认我不懂时，我的心就放下了。当我敞开心扉向Esprit总部的同事和我的下属请教时，我不仅从没有受到过冷遇和难堪，相反所有人都给了我意想不到的帮助。这不仅加快了我的学习速度，还使得他们能主动为我工作。"

诚实是信任的基础。除了诚实之外，管理者还必须是个讲信用的人。管理者的话应一诺千金，包括错误的承诺都要兑现。比如：年初你确定的佣金政策有些草率，以至于年末有的销售人员拿到了天文数字的佣金。怎么办？合格的管理者必须吞掉这个错误，明年再改。有人问："假设这个承诺，是你个人所承担不了的，你还要兑现吗？"回答是："当然！"没有什么比管理者丧失契约精神对一个企业的杀伤力更大了，这是企业选错管理者的代价。

一个上下相互信任的企业，会产生强大的聚合力，从而在激烈的市场竞争中立于不败之地！

管理者一定要务实

22. 2004年7月，奥克斯被CECA国家信息化测评中心评为“中国企业信息化标杆工程”。因为让很多大型企业头疼的信息化建设，特别是企业资源计划管理（简称“ERP”），在奥克斯实施成功了！

奥克斯集团经过十几年的高速发展，已成为我国电力行业和家电行业具有较强竞争力的大型企业集团。随着内部管理问题的日益显现，奥克斯高层认识到：要把事业做大做强，管理也要与时俱进！

成功实施ERP后，奥克斯完全实现了管理透明化和资源共享，企业内部的产、供、销、人、财、物等各环节实现电脑化、集成化，工作效率大大提高。

高达80%的国内企业在应用ERP时会以失败告终。奥克斯的成功之道，非常值得其他企业借鉴。从提升企业竞争力和解决企业实际问题入手，这是奥克斯成功的第一步！目前中国企业能做到这一点的不多，许多企业实施ERP项目是跟风，或者是“面子工程”“政绩工程”。

奥克斯成功的另一个重要原因，是将ERP真正做成了“一把手工程”。总裁郑坚江亲自参与了项目的选型、调研等全过程，并将“一把手”工程的含义延伸到公司的总经理、部门经理，让每一个领导的责、权、利均与信息化工作挂钩。奥克斯还颁布《总裁令》，赋予ERP项目经理以特权，调派业务关键人员全职参与ERP项目的调研、设计及实施，任何与ERP项目有冲突的工作都必须为ERP让路，让每一位员工都认识到ERP项目对企业发展的重要性。

问题：

（1）你认为为什么会有高达80%的国内企业在应用ERP时以失败而告终？

（2）你认为从奥克斯实施ERP的行动中体现出一种什么精神？

（3）你认为在现在激烈的市场竞争中，这种精神有什么作用？

这道题主要是提醒管理者在管理中一定要务实，而不要做一些“面子工程”。

1992年，在事业之巅傲然临风的史玉柱决定建造巨人大厦，当时巨人的资产规模已经超过1亿元，流动资金约数百万元。最初的计划是盖38层，大部分自用，并没有搞房地产的设想。这年下半年，一位领导来巨人视察，当他被引到巨人大厦工地参观的时候，四周一顾盼，便兴致勃勃地对史玉柱说，这座楼的位置很好，为什么不盖得更高一点？就是这句话，让史玉柱改变了主意。巨人大厦的设计从38层升到了54层。

这时候，又一个消息传来，广州想盖一座全国最高的楼，定在63层。便有人建议史玉柱应该为珠海争光，巨人大厦要盖到64层，建全国第一高楼，成为珠海市的标志性建筑。

到1994年初，又一位领导要来视察巨人公司。不知哪位细心的人突然想到，“64”这个数字好像不吉利，领导会不会不高兴，于是马上打电话给香港的高层单位咨询，一来一去，索性就定在了70层。

这就是最后导致史玉柱身败名裂的巨人大厦的投资决策过程。

在当时，盖一座38层的大厦，大概需要资金2亿元，工期为两年，这对巨人集团来说，并非不能承受之重，可是，盖70层的大厦，预算就陡增到了12亿元，工期延长到6年。不但在资金上缺口巨大，而且时间一长，便也充满了各种变数。

后来，正是为了建这一幢大厦，几乎抽干了“巨人”的所有流动资金，使“巨人”因“缺血”而倒下。

这不是一个“个案”，而是企业的“通病”。人类因为有更多的幻想和虚荣，目标总是脱离实际。

由此可见，与其做出一个不可能实现的决定，不如本着务实的精神，制定确实可行的计划，尽早加以切实地施行。

这种“只见雷声，不见雨点”的行事方式，无疑是现代企业最应忌讳的。无论多么宏伟美好的计划，如果没有实际的行动，都只是“镜中花”“水中月”。

在非文明社会，统治者为被统治者制定的保护法律永远是“正大光明，无法实行”的。在人高马大、荷枪实弹的宪兵面前，你有权验看他的证件吗？在刑具齐全、杀气腾腾的审讯室中，你有权保持沉默吗？

一个企业想要生存与发展，制度当然是必需的，但是，如果没有具备解决问题、使所订立的规章制度得以实现的执行力和执行艺术，制度仍然只是一纸空文，不能真正落到实处。

没有得到有效执行的法律文件，就像高高挂起的墙画。管理也同理，其精髓不在于“知”，而在于“行”，它的考验不在于“想法”，而在于“执行”、在于“成效”。

无论管理经验还是优秀人才，引进、增加不是最终目的，只有妥善地加以运用，将别人的能量转化为企业发展的能量，促进企业真正地发展，才是最终目的。否则企业不仅没有质的变化，还会造成不必要的浪费。

平易近人、爱与员工面对面接触的、务实的、深入基层的，而不是发号施令、一意孤行的管理者，扎根基层是了解实情的最有效途径。提高创造力和开发创意，应该是来自于真正动手做的基层员工身上。

忠于事实是分析问题、解决问题的出发点和根本点。惟有以现实为依托，才能制定正确的方案，才能创新，这是亘古不变的真理。你想成功吗？那么，请先忠于你身边的事实吧！

记得以前有一句很著名的话，说是“外行不能管理内行”。这句话有它在理的地方，也同样有它不在理的地方。就某一项具体工作来说，外行确实不能管理内行，因为这一行的知识外行人并不知晓。但从全面管理的角度来讲，外行完全可以管理内行，只要他懂得如何将人才运用好，让内行人去管理自己分内的事就可以了。

前新加坡总理李光耀，并不是一个方方面面的专家，但在他执政的30多年间，却将新加坡建设成一个廉洁有效率的现代化国家。李光耀治理新加坡能够如此成功，主要因为他的施政方针和政策都是务实的，李光耀称之为“行得通”的政策。

李光耀管理的新加坡政府，官员的廉洁有效率，不仅在亚洲排名第一，就是在全世界也是名列前茅。至于政策，则出自于他务实的施政理念。他说：“对于任何理论或建议，我只问一件事，就是行不行得通？我们是要解决问题，我不在乎理论漂不漂亮、优不优雅。如果不能解决问题，高谈阔论有何用？如果没有用，就换别人来做。”

成功需要务实来做铺垫。

学习、学习、再学习

23. 现在在北大、清华等名校有这样一个现象：每到周末，都有许多豪华轿车停在教学楼前。原来，这些豪华轿车的主人都是一些公司的高级管理人员，他们利用周末的时间参加各种管理方面的培训班。你如何看待这种现象？

这道题主要是提醒你只有不断地学习，才不会在激烈的竞争中被淘汰。

当今是一个资讯爆炸的时代，知识更新的速度非常快。哪怕你一天不学习，都会落后。作为一个管理者也是这样，只有不断地学习各种管理知识，才能不被淘汰。一个成功的管理者应该有这种观念。

知识是竞争优势的一个可持续的来源，对企业来说，利用知识至关重要。在今天这样一个飞速发展的时代，各公司都需要知识更新，学习新的知识，并在全公司中进行传播，将其引入到技术、产品和服务之中。许多行业，如金融服务业、咨询顾问业和软件开发业，都把知识作为创造价值的主要手段。

联想前CEO柳传志参加过通用电气的高级经理人研修班，并通过学习总结出了自己的兼并收购理论。“我参加了通用电气的研修班以后，通过学习对收购兼并成功的原因有一些深刻了解。”柳传志说：“一个企业在兼并收购别人的同时，首先自己要有一个非常明确的文化基础和一套好的管理理念。这是能跟人家磨合的前提。如果两间公司都非常大，怎样进行文化的磨合将是一个非常大的问题，其中尤其需要很多具体的步骤，不是光有一句空话就行。我坚信，联想要有大的发展，如果涉及兼并收购的话，先要把自己该怎么做考虑得非常清楚，并形成一定的规范。如果自己都不清楚，当我们收购大的国营企业时，就容易被人家牵着鼻子走。另外，就是收购兼并采用的具体磨合方式，也要想清楚。当对方也是很强的企业时该怎么做，当对方比较弱时又该怎么做，这些都要有一套模式，然后根据模式来进行调整。”

微软公司是世界上响当当的计算机软件企业。这家公司与众不同之处是，明确宣称公司能连续不断取得成功，这是坚持学习、不断创新的结果。比尔·盖茨在谈到如何评价自己的管理人员时说：“管理者在任何时候、任何情况下都有使员工们更加成熟的使命。一名管理者要通过自己的工作为他人服务。他应经常自问，自己的工作究竟意味着什么？我的工作能使其他人更加聪明吗？这就是管理者面对的主要问题。”

知道学习的重要性，知道该向谁学和学习什么，这正是比尔·盖茨及微软不断取得成功的重要经验。

“知识”一词，应当是近年来传播媒体、各类组织所提到的最频繁的词汇之一。与此相关，知识革命、知识经济、知识社会等“热词”也不断出现。在整个社会“尊崇”的风气中，知识的权重越来越大。进入21世纪，知识甚至已代替权力资本，成为社会构架的核心因素，成为决定社会分配的主要依据之一，同时也成为世界向前发展的主要推进力。

知识对社会发展这种无形却又无处不在的影响，使人类对其占有并创新的认知也愈加明确，把握知识的脚步等同于掌握世界的脉搏，由此知识已成为个人、企业乃至国家提高其竞争实力的根本。2001年亚太经合组织人力资源能力建设高峰会议指出：构筑终身教育体系，创建学习型社会。学习已无可辩驳地成为21世纪的主题，“学而时习之”或许就是对知识更新行为一种恰到好处的注解。

学习、学习、再学习，已不是人生态度的单一体现，也不是对执著追求的褒赏之辞，而是现实社会中每一个不希望被激烈的生存竞争淘汰的人所参与的社会活动的总体概括。

一个好的管理者，不仅要自身不断学习，更为重要的是应该推动他的员工学习，让整个企业有一种学习的氛围。知识更新对于个人来说，可以重设其人生生涯，使其紧跟时代，把握社会所需的更新技能；对于机构组织而言，则是一项必不可少的宏观工程；尤其对于企业来讲，保持学习知识的状态，保证员工知识和技能的持续更新，将是保持企业发展动力和竞争优势的重要因素。“学习”观念已经越来越深入到企业的经营范畴，“学习型企业”已成为企业可持续健康发展的核心标志。

随着世界经济一体化进程的加快和科学技术的迅猛发展，在未来社会，如果不能持续地学习，企业将不可能赚到利润。因此，真正有生命力的企业是那些善于学习的企业，而企业的成长过程也就是一个持续的学习过程。中国“入世”，首先是人才“入世”。国内的许多企业，他们知道人才重要，可是却没有认识到培训更加重要。一个人在企业里如果没有接受培训的话，他就会从资产变为负债。思科总裁钱伯斯说：“假如我们不能够更快、更好地培训我们的员工，我们就会缺乏竞争力。我们必须掌握我们自己的命运。”

传授“有所为，有所不为”，应当是知识更新带给企业的最大效益点。尽管学习培训是一项耗费不菲的支出项目，然而越来越多的企业“心甘情愿”地掏钱以保持企业自身的年轻态。据美国《财富》杂志做出的调查统计，世界500强大型企业中，在员工培训方面的平均投入占总收入的比例连年提高。在竞争中打拼的企业纷纷认识到，只有通过学习，才能够找到可持续增长的企业利益点。

处在一个快速变化的环境中，为了能够保持持久的生命力，企业也需要不断地调整变革和学习以适应外部环境的变化，需要及时、快速、高效地更新知识。然而，传统的教育和培训方式却很难适应这种变化，传统培训的安排往往与业务部门的发展需求有较大的差距。因此，仅仅安排传统培训是不够的，企业需要建立一个学习系统，培养员工自主学习的意识，把学习的文化纳入到整个公司的文化建设当中去，把公司的文化变成学习的文化。

在这种背景下，电子学习提供了一个最好的解决方案：它让不同知识背景和工作经验的员工统一在相对一致的知识和技能层面，在各自的工作岗位发挥，从而更容易使企业内部形成一种健康向上的、统一的企业文化，增强企业自身的凝聚力。

显而易见，电子学习大大降低了培训成本，使全员培训成为现实。而且网络随时随地学习的特点，使电子学习内容能在很短时间内传递给分布在各地的员工，有利于企业创造“学习氛围”，并保持内容的持续性和一致性。电子学习的内容还能够及时更新，以适应瞬息万变的市场环境。这些优势都为创建学习型企业打下了良好的基础。很多企业已经建立起了自己的电子学习系统，并且取得了巨大成功。如美林证券，在全世界有2万多财务顾问和客户经理，每年新雇佣3000名财务顾问和客户经理。虽然美林有一个培训中心，但培训中心在短时间内无法实现对这3000名新员工的培训。何况随着经济的发展，美林不断在推出新产品，顾问也不断地提出新的培训需求。怎样让分布于全球的员工及时了解公司的最新变化和最新产品？在信息时代，电子学习做到了以前不可能做到的事情：帮助公司跟上网络时代的发展。1998年2月，美林实施了第一个培训计划，接着逐步建立起自己的学习门户项目，并且把公司的成功案例、经验都放到学习系统中，建立起公司的学习管理系统，赢得了巨大收益。

美林的榜样鼓舞了更多的企业。尼尔森的一个调查说，美国有85%的公司计划在近年增加对电子学习培训的支出。中国企业也不甘落后，电子学习培训内容和服务提供商——北大在线通过市场调查发现，国内同样有相当数量的企业已着手进行电子学习的导入。已经导入电子学习的中国工商银行，通过电子学习这个基本的学习平台，其全国系统已经可以让全国的、各个省的管理层都能在内部网络上进行学习和培训，每个人都可以学习，大家一起分享教育的机会。

在推动创建学习型企业的过程中，电子学习另外一个引人注目的特点在于它是一个学习系统，它更强调对学习的管理，对学习历史和过程的追踪和管理。电子学习不仅仅是一种学习方式，从管理角度来讲，它对人力资源管理提出全新的视角。一个完整的电子学习实施可以做到对每一个岗位进行定义，反映每个员工需要何种技能以及他现在具有的技能与实际需求的差距。从这个意义上来说，电子学习要求对岗位有很明晰的定位，要求对每个部门进行非常规范的管理，从而促进企业的规范化管理。特别是通过学习管理系统，员工所有的学习活动都被记录下来，学习的效果就可以和绩效相联系，为企业战略决策提供直接依据。

在新世纪，电子学习是一个新的竞争优势，它使企业超越了培训，从培训走向学习，企业也走向学习型组织。

大家知道，一个木桶的最大盛水量由其最短的那块木板决定。或许凭借电子学习这一现代学习手段，中国企业可以提升自己在“木桶”中最短的那块“木板”——职业化水平，提高中国企业在国际市场的竞争力。

企业的教育与学习，主要分为三个层面：上层的经营策略类培训，涉及企业的主要经营发展方向，是属于企业的高端需求；中层的业务类培训，与企业的经营业务相关，针对某一特殊行业的专业知识，如金融、保险、证券等展开培训；而基础层面的通用类培训，则是指导企业掌握商业“游戏平台”规则的基础性培训。

同国外企业一样，中国企业也有培训，不过其培训层面多集中在策略经营及专业领域的中高层面，而像针对商业经营的通用培训层面尚未真正关注。在中国的企业法则中，针对企业通用规则的职业化水平尚未达到国际化的高度。

西点军校前校长米尔斯曾说：“每个人所受教育的精华部分，就是他自己教给自己的东西。”学校里获取的教育仅仅是一个开端，其价值主要在于训练思维并使其适应以后的学习和应用。一般说来，别人传授给我们的知识远不如通过自己的勤奋和坚韧所得的知识深刻久远。靠劳动得来的知识将成为一笔完全属于自己的财富，它更为活泼生动，从而持久不衰、永驻心田，而这恰恰是仅靠被动接受别人的教诲所无法企及的。这种自学方式不仅需要才能，更能培养才能。一个问题的有效解决有助于探求其他问题的答案，而这样，知识也就转化成为了才能。无须设备、无须书本、无须老师，也无须按部就班地学习，自己积极地努力就是惟一的关键所在。

近年来，新技术、新产品和新服务项目层出不穷，就业能力的要求随着技术进步的加速也在不断地变化着。标准的提高，使得技术发展的要求与人们实际工作能力之间出现了差距，由此产生了一种相当普遍的社会现象：一方面失业在增加，另一方面又有许多工作岗位找不到合适的就业者；一方面争抢人才的大战异常激烈，另一方面又有大批在岗者被迫离开岗位。伴随着知识经济的来临，企业对劳动力不再只是数量需求，更重要的是对其质量有了新的标准和需求。

“将帅无能，累死三军”。当今社会一步跟不上，就会步步跟不上，稍一松懈就会落后，因此，努力学习非常重要。在市场经济的大潮中，使一个企业立于不败之地的难度越来越大，所以只有通过不断地勤奋学习，才能提高自身的工作能力、认识水平和思想境界，才能从容地迎接所面临的各种挑战，使事业不断发展。

学习、学习、再学习。知识就是力量，这是亘古不变的真理。

要正确对待失败

24. 你曾经在一家公司工作，但是表现并不出色，公司也认为你不适合这份工作，劝你辞职。辞职后，你找到了新的工作，但是过了一段时间你发现，其实原来的公司才是真正适合你的。而经过这段时间的工作和充电，你认为自己在经验和能力上都已经能够做好原来那份工作。恰好原来那家公司这个时候又在招聘了，你会去应聘吗？谈谈你的想法。

这道题主要是提醒你要正确对待失败。

短暂而漫长的人生旅途中，失败和挫折总与我们结伴而行，关键在于我们如何对待它们：是一蹶不振，还是从失败走向成功？而要从失败走向成功，则要做到以下几点：

首先要弄清失败的原因何在。一个管理者工作大胆、成绩卓著，备受上司的赏识，但在竞选中却失败了。这其中有没有工作方法不得当之处？

其次要审时度势、明确目标。弄清失败原因后，则要根据自己的实力，审时度势，确定发展目标。每个人的优势不一样，因而每个人的目标则不尽一致。要淘汰那些被证明了注定要失败的目标，发掘自己定能取得成功的个人潜能。目标确定后，则要一如既往，坚忍不拔，始终朝着既定的目标前进。

再次要剔除一蹴而就的速胜论，坚定必胜信念，寻求从失败走向成功的策略。从失败中走出来，你既有可能走向成功，也可能走向失败；但不从失败中走出来，你永远都生活在失败中。

遭受经营的失败，或在用人管人时出现失误，这就需要管理者在失败之后要有坚定的信念和冷静的头脑。

看清了失败的局限性和暂时性，就会大大减轻自己的痛苦，加强自己的信心和斗志。真正要扭转失败，其决定性的一步，就是要行动。要运用坚强的意志、高度的智慧和灵活的方法去争取胜利。这对我们提出了更高的要求：不仅要看到有利条件，而且要有信心、有能力用自己的行动去创造出那些原来没有的必要条件；不仅要看到失败的局限性、暂时性，而且要看准获取成功的时机，勇敢地去抓住它，为之努力奋斗。

失败时只要我们去努力争取、创造条件，那种转败为胜的机会总会到来，但是这种时机是不会等人的，它往往转瞬即逝。所以当时机到来时，我们能不能敏感地认识到它，当机立断，付诸行动，就是成败之所在。

对于自己的错误要勇于承认并改正，对于由自己造成的失败要敢于自省，自己对自己要求要严格，不可有一天怠慢。

失败在人生中出现得最多，但失败不是最后的结果。面对失败，有的人越挫越勇，而有的人只能悲观叹息。强者，就应该找出重新站起来的勇气。

当面对挫折时，你要做的是：

（1）不要放弃。放弃意味着永远的、彻底的失败。想必你不愿如此吧！

（2）要坚韧。失败不是放弃目标的理由，而是要更加努力的动力。

（3）安慰自己。对自己说："除了这一次外，我一直做得都很好。"然后再重新开始。

（4）善用别人。用赞美和微笑去请人帮忙。

（5）再找机会。这次要更加用心。

（6）化焦虑为力量。一心只想再做一次。

（7）保持信心。不怀疑自己的能力。

许多人要是没有遇到失败，就不会发现自己真正的才干。他们若不遇到极大的挫折，不遇到致命的打击，就不知道怎样激发自己潜在的力量。

要测验一个人的品格，最好是看他失败以后怎样表现。失败以后，能否激发他更多的能力与新的智慧？能否激发他潜在的力量？失败是增加了他的决断力，还是使他心灰意冷？

没有勇气继续奋斗而自甘失败的人，那么他所拥有的能力，便会全部消失。而只有毫无畏惧、勇往直前的人，才会有更大的进步。

世间真正伟大的人，对于世间所谓的种种成败，并不介意，即所谓"不以物喜，不以己悲"。这种人无论面对多么大的失望，绝不失镇静，这样的人终能获得最后的胜利。在狂风暴雨的袭击中，那些心灵脆弱的人只有束手待毙；而那些坚强的人经受了打击，但自信精神、镇静气概却依然存在，而这种精神使他们能够克服一切坏的境遇，终会获得成功。

"失败，是走上更高地位的开始。"许多人之所以获得最后的胜利，只是受恩于他们的屡败屡战。对于没有遇见过失败的人，有时他反而不知道什么是大胜利。

为自己的失败寻找借口的人往往都不承认自己的能力有问题，虽然有很多失败是来自于客观因素，无法避免失败，但大部分失败却都是主观原因造成的。

也许你认为失败是因为部下私吞公款，而那是因为你用人不当，管理不善。也许你认为失败是因为全球性的经济不景气，而那是因为你对全球经济走向疏于了解、研究和判断，以致无法正确预测。也许你认为失败是因为投资过大，但那也是因为你的判断有问题。总之，你完全可以从自身的角度去研究失败，那些失败都与你的判断能力、执行能力、管理能力等有关，因为事情是你做的，决策是你定的，失败当然也就是你造成的。因此，你不必去找很多借口。即使找到了借口，那也不能挽回你的失败。

老是为失败找借口的人除了无助于自己的成长之外，也会造成别人对你能力的不信任。

失败正如冒险和胜利一般，是生命中必然具备的一部分。伟大的成功通常都是在无数次的痛苦失败之后才得到的。大剧作家和哲学家萧伯纳曾经写道：“成功是经过许多次的大错之后才得到的。”

工作的乐趣在于从错误中学习。因为只要能从失败中学得经验，便永不会重蹈覆辙。失败不会令你一蹶不振，这就像伤口一样，它总是会愈合的。

失败是成功之母。

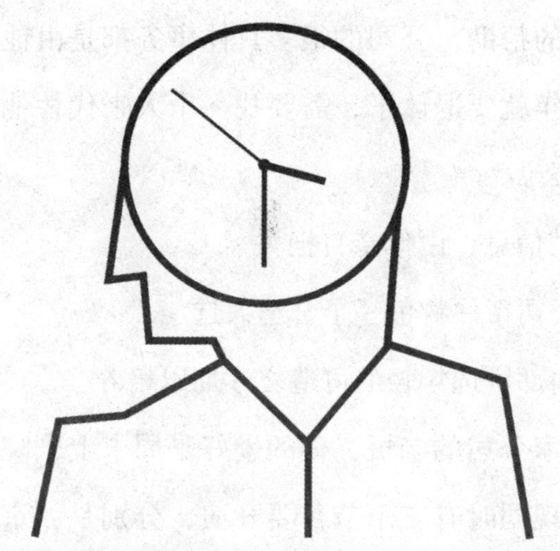

管理理念测试题

一、单项选择

25．你是公司的总经理，公司里的一位副总跟随你多年，他在工作中给予了你很大的帮助，公司的很多具体事务都是由他负责的。现在，这位副总再过几年就要退休了，需要找一个人来代替他的职位。在这种情况下，你会怎么做？（　　）

A．发出招聘信息，由你亲自把关

B．请猎头公司帮你物色一个合适人选

C．从公司内部挑选年轻的可造之才加以培养

26．你是一家公司的老板，你的爱好是周末上剧院。这个周末，你又来到剧院，发现同时有三个节目要开演，分别是：京剧、相声、无声电影。假设你对这三种节目形式的喜爱程度都差不多，那最终你会选择看哪个节目？（　　）

A．京剧

B．相声

C．无声电影

27．你是一家公司的老总，在你的带领下，公司慢慢发展壮大起来。随着中国加入WTO，公司的业务也开始向海外扩展，在海外成立了几家分公司。为了让海外分公司早日步入正轨，你会怎么做？（　　）

A．在有时间的情况下，亲自去每个公司进行指导

B．放手让各个分公司经理去做

C．呆在总部，让各个分公司经理每天向你汇报工作的进展情况

28．你是一个家族企业的老板，经历过艰苦的创业阶段后，企业开始有了一定的规模。这时，你深知自己的知识水平、管理能力已

经越来越难以适应企业管理的需要。为了做大、做强企业，你会怎么办？（　　）

A. 找机会充电，学习先进的管理经验，继续带领企业前进

B. 从家族中挑选可造之才来接替你管理企业

C. 聘请拥有先进管理方法、经验的职业经理人来帮助你管理企业

29. 你是一家公司的老板，由于你平易近人，性格和善，员工在你面前都是嘻嘻哈哈的，开会时也是这样，经常使得会议偏离主题，效率十分低下。这天，你召集员工开会，情况还是这样。这时，你该怎么办？（　　）

A. 取消这种无效率的会议，可以采用员工通过书面来发表建议的方式

B. 管理者一定要有威严，应该采取行动树立你的威严，改变员工的工作习惯

C. 公司内部有活跃的气氛很重要，尽管有时会造成工作效率低下，但是这种气氛还是应该坚持

30. 如果你是一个公司的老板，你会采用下面哪种管理方式？（　）

A. 公司内部权责明确，组织结构严谨，严禁越级上报，每个人都明确自己的工作范围和权力，提高工作效率

B. 制定完善的工作、管理手册，使每个员工都知道每件工作的程序，使公司像精密仪器般运转，而不是依靠某几个管理人员

C. 采用开放式的管理方式，每个人只要有问题，都可以和你沟通，随时改进工作方式和程序

31. 你是公司的老板，你发现了一个特别优秀的人才，想把他挖过来。但是他提出了很高的要求，比如工资待遇上的要求。如果满足他的要求，很可能会打乱你们公司现在的工资结构。在这种情况下，你会怎么办？（　　）

A. 个人不能凌驾于集体之上，不能满足他的要求

B. 人才难得，应该尽量满足他的要求

C. 可以采取工资、奖金、股权激励结合起来的方式来满足他的要求

32. 你是一家公司的老板，新的一年开始了，为了鼓励员工完成公司制定的销售额目标，你会怎么做？（　　）

A. 将销售额目标分解到各人，超额完成的给予奖励，完不成的予以惩罚

B. 以制定的销售额目标为一个整体，不分解到人。多劳多得，少劳少得

C. 规定只有完成了目标销售额，大家才能得到奖励，如果没有完成目标销售额，谁都得不到奖励

33. 奇瑞是我国汽车行业的后起之秀，发展十分迅速。它的技术人员很多都是从东风集团请过来的。这些技术人员有的原来在东风并没有取得什么业绩。奇瑞把他们请过来后，在职务上委以重任。很快，这些技术人员就发挥所长，设计出了奇瑞的新车型，在市场上一炮打响。如果你是一家公司的老板，你从中得到什么启示呢？（　　）

A. 要善于挖掘人才，为我所用

B. 这些技术人员之所以在两家企业有不同的表现，关键在于奇瑞新的管理体制比东风旧的管理体制更优越

C．升职是对员工很大的激励，可以让他们更能发挥自己的工作积极性和潜力

34．你是一家公司的老板，你公司的产品销往全国各地。为了公司更好地发展，你决定组建公司自己的销售队伍。组建销售队伍就必然涉及划分区域的问题。这种情况下，你会怎么划分？（　　）

A．将全国市场分为华东区、华南区、西南区等几个大区，下面再以省为单位设立分区，省下面再以市为单位设立更小的分区，层层负责

B．以省为第一级单位，将全国市场按省为单位划分区域，各省下面再以市为单位设立分区

C．以北京、上海、广州等中心城市为一级单位来划分区域，下面不再设立分区

35．你是一家公司的老板，你公司抢在竞争对手之前开发出了一种新产品，市场反应热烈，销售情况很好。在这种情况下，你首先会考虑什么？（　　）

A．积极扩大生产规模，搞好销售工作，继续扩展市场

B．了解竞争对手动态，做到知己知彼

C．继续进行新产品的开发，防患于未然

36．以前，世界饮料市场被两大巨头可口可乐和百事可乐占据。一提到饮料，大家首先想到的就是可口可乐和百事可乐。七喜汽水进入市场时，将自己定位为“非可乐”，意思是它是汽水类的碳酸饮料，而不是可乐饮料，从而避开了与可乐市场的两位大哥可口可乐与百事可乐做正面竞争。当消费者需要一种非可乐饮料时，他们一定会首先想到七喜汽水。你认为七喜汽水销售成功的主要原因是什么？（　　）

A．成功在于创新，开发出有别于传统可乐的饮料

B．制定了正确的市场战略

C．抓住了市场空白点

37．你是一家企业的老板，你准备在公司提拔一个人做你的副手。经过仔细考察，你发现有三个人符合条件，而且这三个人在能力上都不相上下，工作经验也都很丰富。这三个人中有一个是和你关系很好的朋友，有一个是在公司工作了很久的元老。在这种情况下，你会怎么选择？（　　）

A．选择你的朋友

B．选择那位公司元老

C．让三个人进行竞聘，谁表现好选谁

38．你是一家公司的老板。有一次，你偶然听到有员工在一起谈论，说公司正处在危机中。而事实上，这是你的竞争对手散播的谣言。这时，你会怎么办？（　　）

A．大发雷霆，对这种扰乱军心的行为坚决予以处罚

B．怒气冲冲，事后找竞争对手算账

C．召集员工开会，澄清事实，并以翔实的资料来证明公司的真实情况

39．你是一家公司的老板。有一次，为了制定一个方案，你召集下属开会。会议上大家各抒己见，共同制定了一个计划。这时，有一个下属提出不同意见。你告诉他，有反对意见可以保留，但目前就照这个计划办。会议后，那个人再次找到你，提出对计划的不同意见。在这种情况下，你会怎么办？（　　）

A．再次重申有不同意见可以保留，目前必须照这个计划办

B. 坐下来再认真听听他的意见，可能计划真的有不妥之处

C. 告诉他，你会认真考虑他的意见，叫他暂时先按计划办

二、不定项选择

40. 你是一家私营企业的老板，为了扩大企业规模，让企业更快地发展，你兼并了一家濒临破产的国有企业。为了让这次兼并发挥它应有的效果，你会怎么做？（　　）

A. 将不符合要求的员工辞退，节约成本，提高效率

B. 淘汰所有老、旧设备，引进新的生产设备

C. 选派富有管理经验的管理者去接管这家企业，建立新的管理方式

D. 改变原有的生产、分配方式和所有权制度

41. 你是一家公司的老板，为了加快公司业务部门的发展，你指示人力资源部门招聘了几名新员工。经过短时间的观察，你认为某位新员工能力较强。刚好有一项业务工作亟须完成，而公司老员工因为业务非常忙，都脱不开身。于是，业务部门经理来请示你，打算派那位新员工去，你也同意了。谁知道，那位新员工根本不胜任这项工作，给公司造成了很大损失。对此，你认为谁该对这件事负责任？（　　）

A. 那位新员工

B. 人力资源部

C. 业务部门经理

D. 你自己

42. 你是一家公司的老板。为了激发员工的干劲，调节紧张的工作状态，你决定举办一次体育活动。下面的几种活动形式中，你会选择哪些？（　　）

A．拔河比赛

B．登山

C．篮球比赛

D．保龄球比赛

E．击剑比赛

43．你是一家服装企业的老总，公司产品主要出口国外。以前由于征收出口关税等政策的因素，限制了你扩大公司规模以取得更大的竞争优势的想法。现在，国家宣布取消征收某些纺织品的出口关税，这是一个加快公司发展的好机会。这种情况下，你认为最重要的是做什么？（　　）

A．顺应政策变化，改变以前出口政策下的市场开发模式

B．顺应政策变化，改变以前出口政策下的管理模式

C．顺应政策变化，改变以前出口政策下的销售模式

44．蒙牛乳业是我国乳产品行业的后起之秀，发展十分迅速。它先是在“神舟五号”载人航空飞船顺利发射的时候，推出了“航天员专用奶”的宣传口号，又在湖南卫视的“超级女声”活动如火如荼的时候赞助了这个活动。这两个举措使蒙牛为大家所熟知。你认为下面对蒙牛成功原因的分析中，哪几点是正确的？（　　）

A．及时抓住时机

B．在速度上领先于对手

C．全靠成功的广告战略

三、阅读理解

45．随着年轻一族日益成为消费主体，百事可乐的“新一代选择”

广告策略成功抢夺了大批年轻消费者，并用强大的明星阵容和宣传气势压倒了可口可乐。

在刘翔夺得巴黎世锦赛铜牌之前，可口可乐与他取得了联系。经过认真筛选和评估后，可口可乐看中了他的潜质，只花一个星期就签订了合同。

2004雅典奥运会期间，每天在赛事直播中反复出现的一个由刘翔和滕海滨出演的“要爽由自己”的广告。随着奥运圣火的越烧越旺，随着刘翔夺得小组第一名，并开始与欧美人竞争金牌，极大地刺激了社会的消费欲望，推动了可口可乐的品牌影响力和终端销售。此时，百事的娱乐明星广告却被人们淡忘。刘翔夺得奥运冠军后，以刘翔名字命名的“刘翔特别版”可口可乐在各地几近脱销。可口可乐反败为胜！

可口可乐的胜利不只在选择代言人上。由于打了个时间差，他们5月初邀刘翔代言时广告合约价格只有35万元一年。成为冠军后的刘翔被广告商高价抢夺，身价急升至上千万元。

问题：

（1）可口可乐这次的广告行为之所以成功，有两个原因，除了抓住了签约刘翔的时机外，第二个原因是什么？

（2）你怎样看待这第二个原因？

（3）从这个案例中，你得到什么启示？

46. 2005年5月1日下午3点，联想正式宣布完成收购IBM全球PC业务，任命杨元庆接替柳传志担任联想集团董事局主席，柳传志担任非执行董事。前IBM高级副总裁兼IBM个人系统事业部总经理斯蒂芬·沃德

（Stephen Ward）出任联想CEO及董事会董事。合并后的新联想将以130亿美元的年销售额一跃成为全球第三大PC制造商。

2004年2月，华为公司收购SUNDAY5.01%的股权。之前在2003年12月，华为已和SUNDAY签订了价值9亿港元的合同；5月31日，华为用1000万元收购宏智科技在湖北、青海、新疆的项目的已签合同和全部知识产权。2004年11月12日，华为与汇丰等9家银行签署总值3.6亿美元的贷款协议，拟用这些资金加快开拓国际市场的步伐。

2005年6月2日上午，广州白天鹅宾馆，TCL集团近10位高层齐刷刷坐在一起，宣布年内将在全球招聘2200名具有国际化背景的中高级经营管理人才和研发人才，打造一支“国际化部队”。从2005年4月开始，TCL就陆续在北京、上海、西安、成都、重庆、深圳、美国纽约、新泽西及旧金山硅谷等地举行现场招聘会，数千余个中高级岗位虚席以待。

问题：

（1）你认为联想、华为、TCL的这一系列行动体现了一种什么眼光和思维？

（2）你认为这种眼光和思维对企业的发展有何促进作用？

（3）其实，联想、华为收购的这些企业和部门，在收购之前都是亏损的，你认为这值得吗？为什么？

47. 早在1932年，松下幸之助在向企业员工演讲使命感的时候，曾经描绘了一个在250年内达成使命的远景。其内容是把250年分成10个时间段：第一个时段的25年再分成3期，第一期的10年是致力于建设的时代；第二期的10年继续建设，并努力活动，称“活动时代”；第三期的5

年，一边继续活动，一边以这些建设的设施和活动的成果贡献于社会，称“贡献时代”。第一时间段以后的25年，是下一代继续努力的时代，同样要建设、活动、贡献。如此一代一代地传下去，直到第十个时间段，也就是250年以后，世间将不再有贫穷，而是变成一片繁荣富庶的乐土。

问题：

（1）你认为松下幸之助为什么要订立这样一个规划？

（2）你认为订立这样一个规划有效果吗？为什么？

（3）从这个案例中你能得到什么启示？

四、论述

48. 有这样一个故事：有一个推销员，非常善于推销。有个人想考考他，就对他说：“大森林里空气非常清新，你有办法把防毒面具推销给大森林里的长颈鹿吗？”推销员说：“能。”于是，推销员来到森林里，建造了一座工厂。工厂里机器轰鸣，不断冒出浓烟，弄得长颈鹿们不断咳嗽。这时，推销员来到长颈鹿面前推销防毒面具，长颈鹿很快就买下了他的防毒面具。临走时，长颈鹿问推销员：“你的工厂到底生产什么呀？”推销员说：“生产防毒面具。”听完这个故事，你能得到什么启示吗？谈谈你的感受。

49. 有人说：“作为一个优秀的管理者，在提到成绩的时候应该多说“我们”，在承担责任的时候应该多说“我”。”你认为这句话有道理吗？你怎么理解这句话？

管理理念测试题参考答案

一、单项选择

25．C　26．A　27．B　28．C　29．B　30．C　31．C　32．C

33．C　34．C　35．C　36．C　37．C　38．C　39．B

二、不定项选择

40．CD　41．ABCD　42．ABC（提示：集体活动）　43．ABC

44．AB

三、阅读理解

45．略（提示：节约成本）

46．略（提示：长远眼光、国际化）

47．略（提示：信念）

四、论述

48．略

49．略

注意继任者的培养

25．你是公司的总经理，公司里的一位副总跟随你多年，他在工作中给予了你很大的帮助，公司的很多具体事务都是由他负责的。现在，这位副总再过几年就要退休了，需要找一个人来代替他的职位。在这种情况下，你会怎么做？（　　）

A．发出招聘信息，由你亲自把关

B．请猎头公司帮你物色一个合适人选

C．从公司内部挑选年轻的可造之才加以培养

这道题答案选C（从公司内部挑选年轻的可造之才加以培养），这是提醒你要注意对继任管理者的培养。

朱先生原是一外企A公司的宣传策划助理。3年来，他凭着自己的才干屡屡为公司创下佳绩。前不久，A公司企划部经理因故辞职，员工们以为朱先生是毋庸置疑的最佳人选，可后来公司领导却做出了让猎头公司为自己寻找更为合适的高级策划人才的决定。两个月后，朱先生辞去了A公司的工作，并应一家民营企业B公司的邀请出任其销售总监。再后来，在一次业界的项目策划活动中，朱先生以自己独特的策划方案击败了A公

司的企划方案，使B公司从此在市场上威名四振。A公司领导闻讯后，不禁扼腕长叹，悔恨连连。

目前，许多公司在内部出现职位空缺时，往往第一时间会想到找猎头公司，认为“外来的和尚好念经”。事实不尽如此，一方面外来人才对公司企业文化有一个磨合、适应期；另一方面公司忽视了内部原有的人才，对他们不予挖掘、起用。结果造成了类似以上案例中企业精英的流失，浪费了人才资本的状况。显然，A公司未能看到朱先生的工作潜能，是因为对其业务水平的错误判断，认为他“最多也不过就是目前这样子”。事实上，朱先生到了另外一家企业后，却显示出自己确有过人的才华和实力。

在公司制发展了数百年的发达国家，企业管理层的交接和代谢早已形成了一种成熟的制度和文化，尽管形式不尽相同。

全球化过程中成功实现权力交接的家族企业在某些方面都是类似的，都来自其对未来继承人的长期培养与考察。美国福特家族历经百年不衰，传至第四代绝非侥幸，其对于继承人的教育的确有特别之处。

作为一个管理者，你的首要任务之一是培养一批懂管理的接班人。你40多岁，他们刚30出头或者才20几岁。但只要有可能，你就要随时随地去观察、帮助和教育他们。问自己，你的接班人在哪里？你为未来的管理班子所瞄准和开发的人才在哪里？这不是挑选性情相投者，这是在为未来做准备。

作为管理者你要对员工随时地进行培训，使他们进步。对新员工培训的最佳办法莫过于帮助他们认真地学习、理解你们组织团体的价值观和信念。这样，你不但让他们了解了你们公司的信念，又解释了其重点之处及它们作为重点的理由，最后还会使他们认同你们组织的基本精神和信念原则。

你要懂得，选择接班人的方法是：做部下最好的导师，要有伯乐识千里马的眼力；你要对错误、急躁、粗暴行为能够宽容，以便发现他潜在的才能；你要对在不同情况下的人做因人而异的反应；你要有洞察力、有远见，能洞察未来，当被指导者需要帮助时，你能为他指明下一步的方向；你要有使他人成长、鼓励他人进取的才华和能力。

选择一个好的继任者是一件很不容易的事。选择的继任者不应该是一个人，而应该是一群人，确切地说是一个管理班子。一个能将预见力与经营技巧完美结合起来的管理班子，不仅能使企业得到持续发展，还要在原来的基础上得以创新，进一步提高竞争力。

目前，我国的一些企业，还在实行着指任管理者或按资格评选管理者的现象，这样做显然没有竞争力，所指任的管理者也不一定能胜任其职务。实行考核制，对有能力的人进行考核，竞争上岗，这样可以使企业充满活力，提高竞争力。

纵观国内外培养接班人的案例，成功的企业不仅在机制与文化上已经成熟并达到了一定的高度，在对其员工职业的长期规划上也有详细的考虑。不仅解决了信任与能力的问题，还要有合理的培养计划和提拔制度。

IBM虽经历过20世纪90年代初期最严峻的危机，但其一直是全球公认的“蓝色巨人”。IBM能长期成功并保持向前发展的延续性与稳定性，同其对接班人的培养是密不可分的。

IBM的高级经理都有一门必修课——“接班人计划”，这是一项颇具特色的企业高级管理人员培训计划。这对于众多大型企业，尤其是对甄选和培训高层管理人员的中国企业具有借鉴意义。

IBM首先强调接班人甄选是现任经理的重要职责之一，从而将接班人培养提高到企业发展的战略高度。

IBM认为：找不到接班人的经理不是一位合格经理人，并且本人不能得到升迁。其最终的目的是为公司培养、锻炼和选择有潜质的后备人才。计划的实施有两方面的效果：一方面是让优秀人才可以专心致志地为IBM服务，让他觉得只要认真工作就有提升机会；另一方面是在企业真正需要接班人时，公司能有足够的人才供挑选。

一个完善的接班人计划，往往包含理性、情感与政治运作等复杂元素在内。

首先，要评估的是接班时机、候选人的标准与列出候选人。接班的时间与现任管理者的年龄、企业的现状与有无合格的人选有关。有时，管理者可能得考虑到在别人毫无预期的情况下交出“棒子”，以遏止中途不必要的情况发生。候选人的标准除了要考虑他们过去的绩效外，还需将企业未来所需要的管理者条件列入考虑因素。

其次，进行接班计划时，要避免两件事情：一是寻找企业“救世主”的心态；二是忽略企业需要变革的事实。管理者必须很诚实地面对企业实际的需求，并分析个别候选人所具备的和缺乏的能力。

在评估候选人的条件时，对内部与外部候选人的评估标准要一致。管理者倾向以较严苛的标准检视内部候选人，因为他的绩效表现很容易被看到。但是，外部候选人比较容易掩藏自己的弱点，只展现自己的长处。在企业整体绩效不佳的时候，管理者容易舍弃内部合格的候选人，转而从外部找来“救世主”。

朗讯科技就是一例。朗讯科技内部原本蕴藏许多管理人才，但他们却深感被提拔的机会渺小而纷纷摘冠而去。惠普的菲奥莉娜（Carly Fiorina）与英国电讯的维瓦元（Ben Verwaayen）原本都是朗讯的高级管理者。当朗讯面临危机时，董事会主席企图从外部找寻全新的管理人才，但在遍寻不着的情况下，最后才又从柯达公司找回原本也是朗讯管理者的罗素（Patricia Russo）。因此，管理者应切记，不要低估已认识的候选人的能力，也不要高估一个陌生人的才能。

找寻接班人并不容易。但是，企业若要永续经营，这就是管理者刻不容缓的课题。

善于倾听

26. 你是一家公司的老板，你的爱好是周末上剧院。这个周末，你又来到剧院，发现同时有三个节目要开演，分别是：京剧、相声、无声电影。假设你对这三种节目形式的喜爱程度都差不多，那最终你会选择看哪个节目？（　　）

A. 京剧

B. 相声

C. 无声电影

这道题答案选A（京剧），这是提醒你要善于倾听。因为听京剧正是考验你的倾听能力。

说是一门艺术，而听更是艺术中的艺术。善于倾听是一种本领，要有较高的涵养和很大的耐心，也需要宽容的胸怀。通过倾听加强沟通和了解，促进情感交流。

善于倾听还是获取灵感的一种途径。有记者曾采访世界顶级魔术师大卫·科波菲尔：“世界上的魔术师不计其数，你能说说自己为什么能取得比别人更大的成功吗？你的秘诀是什么？是不是你天生就有超凡的能力？”大卫的回答是：“我并没有什么超凡的能力。我觉得自己的成功可能是因为我善于倾听别人的说话，从别人的想法中获得灵感。”

倾听是管理者开展管理工作的基本功，也是管理者必须加以开发的基本技能。很多管理者都认识到讲话，即口才的重要性，殊不知倾听和讲话是相互关联的，而且同样重要。古希腊哲人泰勒士说过：“多说话并不表明有才智。”人有两只耳朵，却只有一张嘴，所以要多听少说。墨子对他的学生说：“宁学雄鸡，莫学塘蛙。”池塘里的青蛙整日整夜地叫，弄得口干舌燥，却没人注意它。鸡棚里的雄鸡只在天亮时鸣叫，反而一唱天下白，一鸣惊人。这就告诉人们要善于掌握说话的时机，不到火候不要急于发表见解和看法。

西方有句谚语：倾听是最高的恭维。英国学者阿尔代说：“对于真正的交流大师来说，倾听和讲话是相互关联的，就像一块布的经线和纬线一样。当他倾听的时候，他是站在他同伴的心灵入口；而当他讲话时，他则邀请他的听众站在通向他思想的入口处。”精神生理学的研究则表明，一个人的说话方式、习惯对健康有很大影响。人在说话的时候，血压会适度升高，脉搏会适度加快，神经质的人尤甚。可是在听别人说话的时候，血压脉搏就会逐渐降下来，形成一种有规律的节奏，这种节奏能保护心脏，使人平衡。要做到既享受与人谈话的乐趣，又保持身心的健康，就要多听，并且在说话时保持平衡和均匀的呼吸。所以，培养良好的听、说习惯与吃健康食品、锻炼身体一样重要。

如果你处在一个负责管理或执行的位置上，你可能认为你没有必要去听雇员的抱怨，你会认为自己工作多得忙不过来：既要考虑降低成本，又要完成定额还不能超过期限；既要提高生产效率、提高产品品质量，还要参加没完没了的会议。这些工作使你根本没有时间去倾听雇员的心声。

“不对。”一个成功的管理者说：“听取一个雇员的抱怨和诉苦是居于管理位置的每位管理者义不容辞的责任，也可以说是最重要的责任。这是公司的最后一道防线。应该在这里做最大的努力去满足一个曾为公司出过力的、又遇到不幸的雇员的要求。”

“会说的不如会听的”。身为管理者，要认真倾听下属声音。不要忽视，不要讥笑，表示信任，解释原因，不偏不倚，严肃对待。记住：多倾听，少发言，才是明智之举！

在一个公司任职时，下属不可避免地存在着牢骚、抱怨、烦躁或愤怒的情绪。作为管理者，你有责任随时解决这些问题，否则会造成隐患和不稳定因素。

管理者不应该把员工们的抱怨当作小事一桩，不应该把其中的一些抱怨当作幼稚和愚蠢的行为而忽视。这些抱怨对管理者来说或许不是问题，但对员工们却至为重要，因而不可掉以轻心，漠然视之。

身为管理者，抚慰、礼遇下属就要舍得花时间多听一听他们的诉说。一个出色的管理者应乐于接受下属的抱怨，如果你暂时没有时间听他们诉说，也应约一个时间让他们向你诉说。不要当即反驳下属的怨言，应该尽量让他们一说为快。

古人说：“言多必失，沉默是金。”假如自己不看谈话对象，只顾滔滔不绝地胡侃，那么愚蠢就会随时伴随着你。聆听别人说话既能够避免自己的尴尬，并且还能省却不必要的麻烦，同时还能得到人生的智慧。因此，在社交场合少说多听是一个永恒的定律。侃侃而谈不见得会给自己增添光彩，更不能说明自己有学问，相反却会带来言而不实、卖弄自己的虚名。一定要用自己的脑袋管住自己的嘴巴，说话一定要经过思考，这样才能长久地拥有快乐。

善于听取不同的意见，广纳良言，不仅是增强民主意识、管理企业的需要，也是营造良好人际氛围、增强企业凝聚力的需要。合理稳定的情感因素可以提高企业管理的效率，促进企业管理的内部优化。情感管理具有两个重要方面：一是感情因素，它是维系企业人际关系、增强企业凝聚力的重要因素，通过上下交流，有利于形成和谐、奋进的人际关系。人心也是一种资本，管理者要用心去管理心。二是文化因素，它是创造健康企业心态的重要条件，它经常表现为归属感、认同感和企业的凝聚力。

很多管理者都有这样的体会：一位因感到自己待遇不公而愤愤不平的员工找你评理，你只需认真地听他倾诉，当他倾诉完时，他的心情就会平静许多，甚至不需你做出什么决定。

这只是倾听的一大好处，善于倾听还有其他两大好处：其一，让别人感觉你很谦虚；其二，你会从中了解到更多的事情。

每个人都认为自己的声音是最重要的、最动听的，并且每个人都有迫不及待地表达自己的愿望。在这种情况下，友善的倾听者自然成为最受欢迎的人。如果管理者能够成为下属的倾听者，他就能清楚地知道每一位下属的需要。

如果你没有这方面的能力，就应该立即去培养。培养的方法很简单，你只要牢记一条：在他人没有停止说话前，决不开口。

要想使他人对你表示出极大的崇敬，首先要让对方畅所欲言，还要学会仔细恭听别人说的话。倾听是一种美德，倾听能让你化解干戈，倾听能深入心灵，倾听能够使别人对你产生敬慕。倾听是人人都能运用的策略。

当初蒙娄初受柯立芝总统之命，去墨西哥出任新任的公使。但是对一个才上任的新官而言，这确实是一项苦差事，曾经有位美国知名人士评点说："墨西哥是美国最疼痛的一个手指头，到那儿做公使，是再麻烦不过的事了。"蒙娄初重任在身，他觉得此行最关键的时刻，就是他在第一次和墨西哥总统卡尔士会面的时刻。他能不能让自己和美国得到圆满的结果呢？他能不能在墨西哥总统心里留下一个美好的印象？这都不得不依赖蒙娄初事先拟定好的策略。会见的第二天，墨西哥总统卡尔士对一位朋友说："新任美国公使真是一位能言善辩的人！"

蒙娄初是怎么跟墨西哥总统进行沟通的呢？他又使用了一些什么样的策略才使墨西哥总统卡尔士对他留下了如此美好的印象呢？原来，在他和墨西哥总统进行会谈的时候，他压根儿不提公使应当提到的官方性的那些严重事件，只是顺便夸了夸当地厨师的手艺，还多吃了一些面包和菜品。随后，他请卡尔士总统讲一讲墨西哥的现状、墨西哥内阁对国家的发展有什么新的举措，以及总统自己现在有没有什么正在计划的事宜，还有卡尔士总统对未来的形势有什么样的看法等等。

蒙娄初用了人人都可运用的策略。他说这些话的目的，只是为了让卡尔士总统感到轻松和愉快。蒙娄初鼓励卡尔士总统发表自己的见解，让他率先开口说话，自己则一心一意地倾听着。在这个过程中，蒙娄初流露出对卡尔士总统的兴趣表现出的崇敬之意，从而提高了对方的自尊心和自信心。

一切管理者，都是注重而且善于运用聆听艺术的。这些管理者不但会对别人的发言表示出浓厚的兴趣，还会把这种感觉真切地表露出来。可是在这个熙熙攘攘的社会里，虽有很多人明白这种策略的重要性，有时也会遇到发展的良机，然而他们还是在疏忽之中没有善加利用而失去了机会。

倾听的时候，光听是不够的，你还要善于抓住时机“问”。一般情况下，下属对上司总有一层顾虑，这层顾虑往往使他在上司向他了解他的需要的时候，不敢说出真话。而作为管理者，如果不能了解下属真正的需要，即使他为此做了不少事，也仍然达不到最佳的效果。因此，作为管理者一定要善于发现下属心中真正的想法。

首先，和下属的谈话不宜直接了当地去提问，特别是一些敏感的问题，你得委婉而巧妙地去问。这其中也有一定的技巧。你可以采取把他请到你的办公室进行正式谈话的方式，还可以采取人与人之间的闲聊方式，也可以在日常工作检查时顺便和某个人进行交谈。你会发现与你的雇员的非正式会晤，对于掌握一些比较有价值的情况是非常有用的。在办公室进行正式谈话，容易引起下属的警惕和戒备心，说话不可能很坦率，他完全可能对你的提问给予一些他认为你想听到的回答。这样就与你的用心背道而驰，效果不好。相反，如果在工作之余不期而遇地发生了谈话，就能使人的心情平静自然。这种时候，下属的谈话就会坦率真实得多。

其次，你要鼓励他谈自己，并问他一些问题以便启发他开始谈话。努力从别人的利益角度谈话，这样你就容易发现他需要什么。

最后，你应该尽量使别人感觉自己重要，你应该鼓励下属追求自我价值，并且真心实意地予以帮助。询问对方情况时，可以实行“五问”方案，这种方案能使你准确地掌握那个人的情况。所谓“五问”是指：谁？什么？什么时候？什么地方？为什么？有的时候再加一个“如何”？通过问一个人这样一些问题，你能得到下面五种好处：

（1）这些问题能帮助被提问者把自己的思想具体化，并把注意力集中到你需要的地方去。

（2）这些问题能使一个人感觉到自己很重要。当你就某件事征求一个人的意见时，你也是在肯定他的自我价值，给他一种梦寐以求的被人重视的感觉。

（3）当你提问的时候，尽量少谈你自己，好让对方有机会告诉你他在想什么，他需要什么。你的目的是多了解情况，而不是聊天。

（4）问只管问，但要避免争论。你问问题的目的是想了解他的想法，而不是为了别的，所以，即使他的说法不能使你苟同，也不必说什么，你绝不能让他知道你是怎么想的。

（5）问完了这些问题，你就能够准确地知道一个人的愿望是什么。提问是了解一个人的真实需要的最快捷径。

善于倾听，你将会在事业上更上一层楼。

给下属一个自由的空间

27．你是一家公司的老总，在你的带领下，公司慢慢发展壮大起来。随着中国加入WTO，公司的业务也开始向海外扩展，在海外成立了几家分公司。为了让海外分公司早日步入正轨，你会怎么做？（　　）

A．在有时间的情况下，亲自去每个公司进行指导

B．放手让各个分公司经理去做

C．呆在总部，让各个分公司经理每天向你汇报工作的进展情况

这道题答案选B（放手让各个分公司经理去做），这是提醒你要放手让下属去干，给下属一个自由发挥的空间。

很多人与上司相处时，总会紧张不安。他们总想让上司高兴却不知道怎样去做。同样，当上司离开时，他们反倒能全身心地投入到工作之中，并能从中自娱自乐。没有管理者在场，他们反而能更好地做出决定。

作为管理者，你可以离开员工一段时间，尽量给他们留出一些自我发展的空间。这样当你回来时，你会吃惊地发现，员工在你不在的时候取得了多么令人满意的成绩。让员工自由发挥是管理者走向成功的一种

有效的方式。如果你已经能够培养员工按照你所构想的方式去做，如果你让他们真正承担起自己的责任，如果你能让他们自行其是，那么，当你离开的时候，所有的一切都可以圆满地完成。

让员工拥有自己的头脑。其前提是你必须充分相信和认可他们。你给予他们的自由空间越大，他们所做的事情就越容易成功。

作为管理者，必须让员工自己安排计划，不要任何事情都过问，让员工拥有自己的头脑。重要的是弄清员工获得什么结果与如何去获取结果的区别。更重要的是同时应给予员工足够的自由发挥的空间，让他们自我决定怎样能最好地实现你所要求他们达到的结果。作为管理者，不要过多干涉员工去做自己的工作，放手让他们自己去做。只有在一个目标明确，又有充分自由的空间里，员工才有可能最大限度地发挥自己的才智。

某电脑公司业务经理陈先生，奉派到国外出差10天。陈经理平时做事就很仔细，什么事都亲自下命令，并一一验收成果。虽然手下有好几个人，但他从不将很重要的工作交给下属去做，因为陈经理认为："他们做事没有效率。"

但是陈经理回国后发现，这些下属的工作，完全没有因为他的出差而受到任何影响，而当他的行程决定延长时，下属们自动、自发的工作热情更加强烈。

现代管理的一个重点是充分发挥公司中每一个员工的积极性和创造性。

放手让下属去做不是简单一说就能做得到的。许多经理并非不知道放手的好处，但是却没有做到，为什么呢？

因为放手意味着风险。放手的本意就是减少对细节的管理，给予下属更多的决策权力。也就是说，管理者所得到的信息会减少，对事情的控制会减弱。因而事情出乱子的机会就会更多，出了乱子经理们解决起来就会很费精力。某些下属可能拿着“放手”的盾牌不允许你“干涉”他的业务，有的人可能确实是想靠自己把工作做好，但是也不排除有的人别有用心。如果权力下放得太多，就有“被架空”的可能，再严重一些还可能被“掀翻于马下”。

放手意味着信任。“用人不疑，疑人不用”是一种说法，实际上并非那么容易做到。这么说与经理本身的性格无关，那是由现实造成的。这种现实是经理不可能对每一位下属都十分了解，尤其是对于那些新来的。人们之间的信任需要一定的过程甚至是相当长的过程。许多年的夫妻尚不能相互信任，何况处于工作业务关系中的同事与上下级呢？但是，这不能作为对下属不放手的理由。从反方向考虑，你对下属的不了解造成了你对他的不信任，这是你怕下属身上你还没有发现的问题，但是你为什么不想他们身上还有很多的潜能没有发挥出来呢？即使对于那些不知的事情，他不做你又怎么能发现呢？

其实，放手也意味着提高工作效率。领导的信任，其本身就是一种非凡的动力。大部分被信任的人都会兢兢业业，甚至在需要自己做决定的时候比报告给老板做决定的时候还要谨慎和细心。因为对他们来说，放手意味着要承担责任。由于这种信任，他们会拼命地工作以证明老板对自己的信任是正确的，他们会给自己加压，会更小心地处理和同事之间的关系。如此这般努力，他们的工作效率能不提高吗？当然也会有那种放开手以后就不知道天高地厚、狐假虎威、小人得志的员工，像这种人你就不能再信任他们，应该让他们尽早离开你。当然，那些太年轻没有什么工作经验的人除外。

放手意味着更明确地管理。本来，在你设置公司每一个职位的时候，你就赋予了这个职位一份权力和职责。你一个人再有能力也不可能把所有的工作都做好。既然给了，就让人家去使用那份权力、尽那份职责。上层的经理不要太多地插手下属的工作。这样，公司的管理层次才会变得清晰明了。高层的经理人员就可以从繁琐的日常事务中解脱出来，去考虑一些和公司发展有关的、更为重要的课题。

放手意味着对人才的培养。每一个经理都有自己的成长过程。但是当他们成为经理的时候往往会忘记过去。所以总是担心下边的人会把事情弄糟，缩手缩脚，而自己整天很辛苦，下边的人还会整天埋怨说经理不给他们锻炼的机会，得不到信任。久而久之他们最初的雄心壮志就会化为乌有，满腔热血变成了“温吞水”，然后他们会开始变得懒惰。一些本来是很优秀的人才就这样被扼杀了。放手之后，他们可能会做错事，但是谁不会做错事呢？正是在对错误的认识和纠正中，人们才会吸取经验，更快地成长起来。想一想当初的你是否也是这样走过来的？

放手并不意味着放任自流。员工有自由空间时，难免会犯错，这时管理者就必须承担起相应的管理、监督责任。

给下属一个自由的空间，他们会取得更好的成绩。

学会授权

28．你是一个家族企业的老板，经历过艰苦的创业阶段后，企业开始有了一定的规模。这时，你深知自己的知识水平、管理能力已经越来越难以适应企业管理的需要。为了做大、做强企业，你会怎么办？（　　）

A．找机会充电，学习先进的管理经验，继续带领企业前进

B．从家族中挑选可造之才来接替你管理企业

C．聘请拥有先进管理方法、经验的职业经理人来帮助你管理企业

这道题答案选C（聘请拥有先进管理方法、经验的职业经理人来帮助你管理企业），这是提醒你在管理中要学会授权。

授权，是指管理者根据工作的需要，将自己所拥有的部分权力和责任授予下属去行使，使下属在一定制约机制下放手工作的一种管理方法和艺术。授权是提高工作效率和效能的重要途径，是对下属的信任与支持的体现，是使个人和团队快乐成长的秘诀。

1．授权前应有的心态

（1）记住：你是将军，不是士兵；你是决策者，而非执行者。有

人问一个将军："什么人适合当头儿？"将军这样回答："聪明而懒惰的人。"这的确是精辟的论断。管理者的主要工作是什么？找到正确的方法，找到正确的人去实施。作为管理者你应尽可能地授权，把你不想做的事，把别人能比你做得更好的事，把你没有时间去做的事，把不能充分发挥你能力的事，果敢地托付给下属去做。只有这样，你才能不被"琐碎的事务"所纠缠，而有充足的时间思考和处理"重要的事情"。成功的管理者不是整天忙得团团转的人，而是一切尽在掌握、悠然自得的人。诸葛亮是个很好的谋臣，但不是一个好的管理者，"事必躬亲，呕心沥血"，结果没有培养出能独当一面的班子，以至于他死后蜀中无大将。

（2）要勇于承担风险和责任。如果下属把事情办砸了，应勇于为其承担责任，而不要推诿。下属的错误就是你的错误，下属的缺陷就是你的缺陷，下属的失败就是你的失败，至少用人不当就是你的责任。

（3）不要惧怕下属"功高盖主"。作为管理者，不仅要有统率全军的能力，还要有鼓励他人超越自己的胸怀；不仅要脚踏实地拼搏，还要具备激励和提携下属的韬略。实际上，下属的成就正反映了管理者的知人善任和管理有方。激励他人成功是自己最大的成功，促使他人进步的喜悦是自己最大的喜悦。

（4）对下属要有信心，不要怕他们犯错误。一个足球队员如果要不犯规，最好的办法就是站着不动，同时也永远不可能进球。作为一个管理者，不要怕部属犯错误，要鼓励他们创造性地开展工作。授权是培养激励下属的过程，绝不能因为怕下属犯错而不给予机会，应该提供充足的机会以使下属成熟，从而尽量少犯错误。

2. 授权时应注意的问题

（1）要选择合适的授权对象。授权对象应该在品行方面信得过，有积极热情的态度，敢于付出，敢于承担责任，同时具备真才实学。不然就可能导致“马谡失守街亭”的悲剧。这就要求管理者有识别人才的洞察力，并健全招聘、培训和考核的机制。

（2）授权内容要合理。不要授予下属不该授予的权力，重要的权力还是要独揽，否则会导致失控。另外不要授予超越下属能力的权力，否则不仅会导致任务不能完成，还会导致下属本人的心理负担加重。

（3）授权要明确，一定不能模糊。该做什么，不该做什么，在什么时限内完成，要明明白白、清清楚楚，切不可“雾里看花”。不然只会让你的下属无所适从，无法果断地处理事务。

（4）分步骤地授权。犹如举重训练一样，要由轻到重地训练。如果不分青红皂白地把任务“压”上去，肯定会“闪”了下属的“腰”，挫败他的信心。因此，必须给下属一个成长的过程，随着下属工作能力和经验的增长，然后在合适的时机给予授权。

（5）不要重复授权。“一个和尚挑水吃，两个和尚抬水吃，三个和尚没水吃”。重复授权的恶果就是没人承担责任，也无从追究责任。

（6）有挑战性的工作要多授权。如果将授权范围限定于例行性工作，那意义就不大了。要让你的下属充分发挥潜力，就要给他更大的舞台。多给下属难度大的工作，使其有紧迫感和成就感。

（7）要设定目标进行管理和考核。在授予权力的同时，也赋予了相应的责任，要根据预定的标准和方法对其业绩进行考核。如果只让下属了解工作性质和范围，而没有进行目标管理，肯定不能发挥部属的主观能动性，而使其陷于敷衍塞责之中。

3. 授权后应如何追踪

（1）要强调结果，而不要过多地关注过程。“疑人不用，用人不疑”。要放手让下属挑大梁，要让他勇于决策，而不要指手画脚。如果过多地聚焦于细节，一是使自己忽略了战略性的问题，二是影响下属的自主性和积极性。就如比武一样，只要能打败对手，你就不要管他用的是“打狗棒法”，还是“降龙十八掌”。

（2）坚定不移地树立下属的威信。首先，授权应公开进行。如果授权未能公开进行，导致相关人群不知道他的权力范围，势必影响其工作的开展。其次是在有人不支持他的工作时，帮助他找出原因，解决困难。

（3）要帮助下属解决问题。当下属在工作中遇到困难时，在施加鼓励使之不要放弃的同时，应尽力帮助他找到解决问题的办法。

（4）要事先协调。如果两个人或更多人负责的工作要授权给某一个人，则必须事先协调好，否则会激化矛盾，产生阻力。最理想的办法是另行安排其他的人。

（5）要防止权力被滥用，建立反馈和控制机制。过多的权力会导致腐败，绝对的权力则导致绝对腐败。对授权者应在制度框架下进行约束和监督。

（6）奖罚分明，以充分刺激其积极性。对屡败屡战最终获得胜利的下属，要进行重奖；对有违军令和不受军令者，要重罚；对把任务当球踢的下属绝不姑息。否则你将丧失威信，你的团队将彻底丧失战斗力。

授权是现代管理工作的一个重要组成部分。授权不是一种“零和状态”，管理者不是授掉一些权就少了一些权力，就不能管理了。相反，授权是一种“我行你也行”的制度设计：

（1）管理者可以分掉一些细枝末节的、技术性的、事务性的事项的权力，专心于重要事项的完成。

（2）授权可以使部属熟悉相关工作的管理，有助于为企业培养所需要的管理人才。

（3）授权可以使管理者在工作中有机会发现部属的能力与潜力。

（4）授权可以让管理者借助部属的专长，提高他们的工作热情。

（5）授权可以让工作顺利进行。由于每个职务都有代理人，所以工作的安排与设计就更富有弹性。

作为一个优秀的管理者，必须首先认识到授权的重要性，一定要结合相关的工作实际，巧妙地用好授权。要突破自己惜权不放的心理，大胆放权，对部下放手。

管理者授权要注意责权统一的原则。授予下属相适应的权力，必须使其负担相应的责任，有责无权不能有效地开展工作。反之，有权无责会导致不负责地滥用权力。

有些管理者喜欢在工作上大包大揽，他希望每件事情在经过他的努力之后，都能圆满地完成，并得到上司、同事和下属的认可。这种事事求全的愿望虽然是好的，但常常不会收到等同的效果。

首先，你的能力不允许你这样去做。因为一个人的能力是有限的。

其次，巴掌再大撑不住天。整个部门并不是你一个人的，你的下面还有许许多多不同等级的人员，你把所有的事情都做了，那么，他们又去干什么呢？而且，许多人会对你的这种做法有意见和不良情绪。他们会感到自己在部门内形同虚设、毫无意义，而对你的专断独裁耿耿于怀，认为你是一个权力欲极强的人。

授权管理制度是一种全新的经营核心管理制度。这种管理制度的最大秘诀是通过员工参与、信息透明来调动员工的积极性，激发他们用之不竭的工作干劲。美国通用电气公司前董事长杰克·韦尔奇说："我们以全新的管理理念赢得人心，而非依靠强制性手段。"

企业管理实践证明，在工作中普通人只发挥了能力的10%。能不能把人的另外90%的潜能发挥出来，是一个企业能否成功的关键。而要发挥这90%的潜能，关键是要"使他感到他重要"。要把员工从传统的等级结构的锁链中彻底地解放出来，充分地信任员工，把人事、行政、采购和财务等各部门的权力分散，让他们以不同的形式被授权，参与企业的决策，自由地发表意见和提出建议，自主地决定事情，使员工感到他们对企业是多么重要。从而极大地激发员工的参与意识，保证企业目标得以实现。

美国戈尔联合企业对授权管理制度有自己独到的见解。比尔·戈尔称企业的"结构"为"格子式的组织"，人人相互依赖，而非"金字塔式的组织"。他补充说："可以给'格子式的组织'的某些属性下个定义：没有固定的或指派的权力当局；没有'上司'，只有导师；管理是自然形成的，管理者的工作取决于被管理者的需要；人与人之间直接沟通交流；由实际执行的人自己制定目标；任务与职能通过契约来组织，我们这里并不管理人，人们自己管理自己；在我们这里，人们是自己提升自己。"

授权管理制度能够消除企业的等级障碍。虽然企业的等级制度还存在，但管理者和员工之间的距离消失了，每位员工对于自己的企业都有一种非常固定的归属感和主体感，使员工真正成为企业的主人。企业一旦达到这样一种精神境界，便获得了一种精神支撑，它将成为企业自我约束、自我激励的源泉，自觉创新、积极参与的精神动力，追求卓越、自我实现的内在召唤。

宇航巨人波音公司通过一个“无信使”的规则把相当的权力放到了员工手中，团队中的成员被要求对他们权限内的事务自己做出决定。为了强化这点，波音公司规定团队成员不允许拿着没有解决的问题到管理人员那里要决策。此举大大提高了公司完成任务的效率。

正如管理学家汤姆·彼得和南希·奥斯汀所说：“它（授权）是人人都是企业家的现象，这能使每个人都成为经营战略信息流动中的一员，使每个人都成为主人翁。”同时，授权管理制度可以保证企业的流动性、灵活性和创造力，提高了工作效率，也在一定程度上避免了企业实行的“少数人表决”的做法这一缺点，保证了决策的正确性。

事必躬亲导致的结果：一是效率低下，二是下属失去工作积极性。因此必须通过合理授权，使下属有充分发挥自己能力的平台。在必要的指导和监督下，用人不疑、疑人不用，赋予下属相应的权力，鼓励其独立完成工作。

一个高明的管理者，其高明之处就在于善于授权。授权不是交权，也不是大权旁落，而是在明确了下级必须承担的各项责任之后，授予相应的权力。从而使每一个层次的人员各司其职，各尽其责，各使其智，各成其事。

立威才能服众

29. 你是一家公司的老板，由于你平易近人，性格和善，员工在你面前都是嘻嘻哈哈的，开会时也是这样，经常使得会议偏离主题，效率十分低下。这天，你召集员工开会，情况还是这样。这时，你该怎么办？（　　）

A. 取消这种无效率的会议，可以采用员工通过书面来发表建议的方式

B. 管理者一定要有威严，应该采取行动树立你的威严，改变员工的工作习惯

C. 公司内部有活跃的气氛很重要，尽管有时会造成工作效率低下，但是这种气氛还是应该坚持

这道题答案选B（管理者一定要有威严，应该采取行动树立你的威严，改变员工的工作习惯），这是提醒你要在下属面前树立自己的威严和威信。

自古的规矩是有上才有下，而管理的秘密在于有下才有上。不能慑服下属之心，何来上司威严？没有管理下属的智慧，何来管理者的

安稳？

管理的秩序通常靠管理者自身的威信和铁的纪律来维持，管理者的威严则是管理气势的基础。

西汉初年，北方的匈奴族势力日渐强大，与汉朝分庭抗礼之势逐渐形成，但其内部矛盾斗争也进一步加剧。当时匈奴的首领是头曼单于，其儿子冒顿随着年龄的增长，常有杀父而代之的企图。为了培养自己的心腹，冒顿常常和自己的部下一起练习骑马射箭，并立下军令："凡我射击之目标，你们必须跟着射击，否则格杀勿论。"

此令一出，跟随他的人果然是指哪打哪，决不犹豫。为了进一步考察部下的忠诚度，一次他突然将箭射向自己的战马，部将们果然一齐将他的战马射死。

又过了一阵，冒顿竟把弓箭对准自己的爱妻，部下也跟着一起做。经过长时间的训练，他的部下全都成了惟他命令是从的"机器人"，他们只听从冒顿的号令，决不迟疑。

一次，冒顿和父亲各带一帮人外出狩猎，冒顿趁其父不注意，张弓搭箭射向头曼单于。冒顿部下见状，也随之万箭齐发，将头曼单于射杀。至此，冒顿当上了匈奴王。

管理者和下属之间无论多么亲密，他们的位置始终是不能变的：管理者在上，下属在下。上下颠倒只会招致失败。

刺猬浑身长满了密密麻麻的针状的刺，这些刺是它用来自卫的武器，每当遇到敌人的时候，它就会缩成一团，变成一个刺球，让敌人无法下手而作罢。到了天冷的时候，刺猬们就会三三两两彼此靠在一起互相取暖，难道小刺猬们不怕被扎伤吗？动物学家们观察发现，刺猬们靠在一起的时候，并不是紧紧地挨在一起，它们之间会始终保持着一定的距离。原来，距离太近，它们身上的刺就会刺伤对方或是把自己刺伤；距离太远，又不足以取暖，只有若即若离，距离适当，才能既保持理想的温度，又不伤害彼此。

从管理角度说，刺猬理论表达的就是人际交往中的“心理距离效应”。领导者要搞好工作，应该与下属们保持亲密关系，这样做可以获得下属的尊重；与下属们保持适当的心理距离，可以避免在工作中丧失原则。

人与人之间的关系是一件十分微妙的事情，许多人都可能有这样的经验和体会，亲密的人际关系经常发生摩擦和矛盾，反倒不如和初次认识的人那样容易交往。很多家庭中摩擦不断，就是这种情况的表现。按道理说应该是人与人之间交往越多，相交越深，人际关系也越容易处理。然而事实却不是这样，这是什么原因呢？其实很简单，就是人们忽略了一个“度”的问题，这一点必须要认识到。

管理者跟员工在一起时，要适当表现自己的“身份”。在办公室里与员工相处，别人应该一眼就能瞧出，谁是员工，谁是管理者。如果你不能表现出这一点，给人的印象就可能正好相反，你这个管理者就是失败的。

管理者要保持自己的威严，在无形中产生的员工对你的尊敬之意，会为你的工作开展创造条件，员工会处处——至少在表面上尊重你的意见，当他们执行任务有困难时，会与你商量，而不会自作主张，自行其是。

不管在哪种情况下，管理者讲话都要一是一、二是二，坚决果断，切忌含糊不清。

管理者需要树立自己的威信，要严格要求下属，不能放纵下属。恩威并施是必要的，工作中，要用“威”来体现公司的制度；私下里，再用“恩”来体现个人的关怀。如果怀着做好人和下属交朋友，公司的制度体现在哪里？如果下属犯了错误，你怎么惩罚他？如果你不惩罚，公司的威严何在？如果你惩罚，下属会和你日常的行为对比，于是你就成了“阴险小人”“笑面虎”，以后你的工作怎么开展？当然，管理者也是需要朋友的，但同事做朋友不恰当，同事有利害关系，而社会上的朋友可能没有太多的利害关系。

如果用动物来比喻的话，管理者在下属面前代表公司，所以对待下属要像老虎一样有威严，用这种威严来贯彻公司的政策，来维护公司的制度。

一个管理者，言行举止必须有一定的权威性，如果管理者说话做事无人信服，那是很可怕的。但是要怎么样树立自己的威信，并让下属感觉到你的威严呢？威信是你通过长期地、无私地为大家奉献，为集体奉献和服务，且自身还是一个团队当中较优秀的一名成员，并在某些方面具有一定的特长，从而逐渐地建立起来的。而威严是当你有了一定的威信，而自身通过平时对事务的处理和判断积累起来的一种经验和气质！这些是学不来的，是要靠你通过努力才能得到的。

你只有在队伍里有威信、威严，才能达到一呼百应的效果。

注意管理中的官僚主义

30．如果你是一个公司的老板，你会采用下面哪种管理方式？（　　）

A．公司内部权责明确，组织结构严谨，严禁越级上报，每个人都明确自己的工作范围和权力，提高工作效率

B．制定完善的工作、管理手册，使每个员工都知道每件工作的程序，使公司像精密仪器般运转，而不是依靠某几个管理人员

C．采用开放式的管理方式，每个人只要有问题，都可以和你沟通，随时改进工作方式和程序

这道题答案选C（采用开放式的管理方式，每个人只要有问题，都可以和你沟通，随时改进工作方式和程序），这是提醒你在管理中要注意防止管理中的官僚主义。而另外两种管理方法都很容易导致官僚主义。

在官僚主义盛行的企业组织中，因过多的层次和横向条块分割，使得组织内部的信息交接和沟通出现障碍，命令的贯彻和任务的执行，经过层层关卡的拦截、过渡、甄别，不断弱化，最终的误差使执行远远偏

离了预计轨道。

通用电气公司成立之初，采取所有权与经营权相分离的现代股份制企业形态。然而，这种两权分离制度的基础只是提供一个基点，并不意味着在管理制度上可以一劳永逸。韦尔奇在1981年继任总裁时就看出通用收益及利润无法提高的主要障碍，即威胁收益增长的因素是公司的官僚体制。

对于管理者们来说，掌握一些管理程序上的繁文缛节已成为封官进爵、晋升荣华的必备艺术和必要条件。结果许多通用电气公司的优秀干部，把大部分的精力用来应付内部的琐事，而非关注顾客的真正需求。

在这种情况下，以讲究功能、工具理性为核心的管理组织逐渐体系化、官僚化，官僚制的管理目标可以使整个组织系统维持协调运行，却无法满足顾客的需求。公司的精细管制，从每月详细的预算审核，到需要6～8个月的前期研究分析策略、规划审查，层层节制。如此繁琐的程序，使原本不论多好的创意，在完成这一长串正式报告的考验之前，都会被视为一文不值。一旦提案的创意通过这层层考验，通常它的最佳商业机会已经错过了。

官僚制度减缓通用电气公司的收益增长，下降的生产率阻碍了通用电气公司的利润增长。官僚主义不变的议事日程是：抗拒变化，压制沟通，浪费时间和精力。官僚主义使企业经营相互“扯皮”，把注意力集中在自己身上而不是顾客身上。它导致人心涣散，切断好的创意与生产性活动的联系。它只有利于那些控制着做出贡献者的人。

杰克·韦尔奇的管理成就、风格、智慧风靡全世界。仁者见仁，智者见智。每个人都从其管理世界宝苑中各取所需，用来武装自己、证明自己。但他摧毁管理中的官僚体制的确是一项非常重要的成就。

官僚主义在当今企业界有哪些表现呢？主要表现有两点：一是老板主义。中国企业的老板，特别是民营企业的一些老板，具有平民意识，某种特殊机缘让他们富了起来。富起来后的老板们有了一个最大的变化，就是自信心增强。自信心原是他们的弱点，现在一下子变成了一个包治百病的素质。他们很相信自己的那点儿经验，表现在管理中就是搞“一言堂”，个人说话算数，对待员工显得高高在上，把别人当作一种浅薄的工具，呼之则来，挥之则去。虽偶尔“做秀”，大谈人才之价值、企业文化的理念，然而他脑子里根深蒂固的惟我独尊的老板主义思想是无法根除的。所以，中国很多民营企业做不大就是这种老板主义在作怪。在这种哲学之下，经理人的发挥则相当有限。一个老板每年出国旅游多次，出入坐豪车，住豪华饭店，但其工人工资屡拖不发，问其原因，他说：“这是身份的象征。住行太差了，怎么做生意？何谈成功？”他把成功的理解定义为享乐主义。二是老板每年招聘副总级别的人员数次，每次在完成一项工作后即将其炒掉，原先承诺尽成烟云，他把人才理解为奴仆，是典型的实用主义。

官僚主义还有另一个表现，那就是本位主义，这和老板主义是一个问题的两极。这种人打工意识特别强，把自己的位置摆得特别“正”，觉得反正自己是给别人打工，做好自己分内的事，不求有功、但求无过，对自己的利益看得很重，死守自己的岗位职责和阵地，工作主动性不强。本位主义很容易为自己设置壁垒，也就是官僚主义的另一种很普遍的体现。有一位公司的副经理很老到世故，有一次，有人向他取经，他说："听老板的话，老板叫你做什么就做什么；只做有文字依据的事；凡事把自己的职责想清楚，不要被人抓住小辫子；不要想去主动做什么事情，否则会使其他人不满。木秀于林，风必摧之。"还有一个老兄是一家公司的办公室主任，他的工作做得很滋润，他说他的工作就是每天请人喝酒，研究各种错综复杂的矛盾关系。他设计了一套工作程序，自称谁也逃不脱他这一环，任何管理者都会高看他三分，自己做主任做到这份上，自然是运筹有道了。这些都是典型的官僚主义在作怪，他们这些人考虑的不是办事效率，而是考虑如何获得自己的利益，如何保护自己。

1992年以前的IBM管理和经营着庞大的公司和业务，它只信任自己拥有行业霸权。整个公司的组织复杂，等级森严。在公开场合，人们可以从发言人的坐席位置看出其在组织中的地位。每个管理者被提升时，公司内部都要举行隆重的新闻发布会。公司的管理者们并不关心客户需求，而是把全部的精力都放在了公司内部的争权夺利上，只要一声令下，公司所有的项目都要立即停止运营。

官僚主义让公司内部"山头"林立，派系分明。管理层只是主持工作，而不是去采取实际行动。公司内的各个部门只关注自己的利益，大量优秀人才被浪费，他们学会了察言观色、见风使舵。业务部门之间除了喋喋不休的争论，表达反对的意见之外，就是保持沉默。最后导致各部门之间的竞争甚至比整个公司与外界的竞争程度还高。

在全球性经济竞争时代，这种官僚主义的危害更为严重。全球企业竞争的不仅是科学技术，而且还有管理能力。美国企业之所以会在20世纪70年代和80年代之交受到挑战，不仅仅是因为其他国家开发出某些更伟大的技术，更重要的是因为它们对美国的管理技能的挑战。

在新的竞争形势下，公司成败的决定因素最主要在于管理能力。而官僚主义却在时时刻刻侵蚀着这种管理能力，必须将其摒弃。

以人才为本

31. 你是公司的老板，你发现了一个特别优秀的人才，想把他挖过来。但是他提出了很高的要求，比如工资待遇上的要求。如果满足他的要求，很可能会打乱你们公司现在的工资结构。在这种情况下，你会怎么办？（　　）

A. 个人不能凌驾于集体之上，不能满足他的要求

B. 人才难得，应该尽量满足他的要求

C. 可以采取工资、奖金、股权激励结合起来的方式来满足他的要求

这道题答案选C（可以采取工资、奖金、股权激励结合起来的方式来满足他的要求），这是提醒你要千方百计地挖掘人才，培养人才，留住人才。人才是最重要的资源。

综合国力竞争说到底就是人才的竞争，人才已成为企业集团发展中最为宝贵的资源。引进什么样的人才，引进人才后干什么，有无发挥人才作用、满足人才需求、挖掘人才潜能的机制，这些都是值得企业管理者深思的问题。

人才是分层次的，大致有高、中、低三个层次，企业对各层次、各样式的人才都是需要的。为此应调整人才结构，大才者大用，小才者小

用，无才无能者不用。

世上没有人是全才，是万事通，尤其是当今社会的飞速发展，知识的爆炸式增长，学科分类越来越细，一个人掌握所有知识是不可能的。管理者应该充分了解他人的特点、才能和专长，并委以相应责任。

管理的基础是人，在企业管理上，制造技术、买卖方法、资金周转等固然重要，但人却是这些东西的主宰。尽管有钱、有产品，要是没有一个会利用这些的人才，那么这些东西也产生不了任何作用。所以不管怎么说，人才是最重要的。

一个管理者，必须具备高明的综合组织能力，这样无论何种人才都能“为我所用”。不管所需要的人才的能力是在你之上，还是在你之下，或是与你并驾齐驱，都可以把自己的事业前途作为中轴，而系住自己的一切行动。

森达集团原是位于江苏一个并不富裕地区的一个小企业，但为什么在不过十几年的时间就创造了一个庞大的“森达帝国”，击败了许多名声显赫的国有企业，成为中国皮鞋第一品牌？就是因为重视人才，对人才与普通员工实行差异化管理。

森达总裁朱湘桂偶然得知我国台湾著名女鞋设计师蔡科钟先生莅临上海，并有在大陆求发展的意向后十分高兴，第二天他即赶赴上海去见蔡科钟。经过促膝长谈和多方了解，朱湘桂确信蔡先生是个不可多得的人才，打算聘用他，但蔡先生要求年薪不少于300万元。朱湘桂尽管有足够的思想准备，还是吃了一惊，聘用一个人，年薪300万元！但朱湘桂还是下了决心聘用他。

聘用蔡先生的消息传到森达集团总部，顿时掀起轩然大波，上上下下一片反对声。有的说，他是有能力，但年薪太高，我们的员工等于替他挣钱，不合算。有的说，蔡先生是台湾人，以前只是听说很厉害，但到底怎么样，适不适合大陆情况，不好说，等他的本事显出来再谈年薪也不迟。还有的说，东河取鱼西河放，实在不必要。但朱湘桂认为，要想留住一名人才，必须给他提供有竞争力的薪酬，实行与众不同的待遇。他向员工们解释说，聘请蔡先生这样的国际设计大师，能够不断推出领导消费潮流的新品种，占领更大的国内外市场，使森达品牌在国内国际叫得更响。

蔡先生上任后，以其深厚的技术功底、创新的思维和对世界鞋业流行趋势的敏锐感觉，当年就开发出120多个品种的女单鞋、女凉鞋和高档女鞋等新品种。这些式样各异的产品一投放市场，立刻成为顾客争相购买的“热货”。一年中，单蔡先生设计的女单鞋就为森达赚回5000万元的利润。

可以说，一个组织在事业上所取得的成功，无不是其人才战略的成功。这个组织要想巩固已取得的成果，并在更高的层面上有所作为，仍有赖于它坚持不懈地实施其行之有效的人才战略。而要实施好人才战略，首要的就是必须在这一组织的管理者头脑中树立牢固的人才理念。

要有爱才之心。人才是事业成功之本，不爱人才一切都无从谈起。所谓爱才，就是发现人才，尊重人才，重用人才。在很多组织里，早已把是否具有爱才之心，作为衡量一个管理者基本管理素养的重要标志。而这一点往往从他周围所聚集的人才中就可以看出来。因为管理者“用一个好人，别的好人就都来了；用一个坏人，别的坏人也跟着来了”（唐太宗语）。因此，真正有爱才之心的管理者必须“远小人而亲君子”。作为一个合格的管理者，只有把人才当作最重要、最稀缺、最宝贵的资源去对待，只有像爱护自己的眼睛那样去爱护人才，才能把各项事业建立在永续发展的根基之上，并长久地保持在良性循环的轨道上。

要有识才之眼。识才是任人唯贤的前提，也是现代管理者必备的基本能力。一个管理者是否能慧眼识才，直接关系到其事业的成败。

东汉末年，群雄并起，争创霸业，汉室宗亲刘表占据荆襄九郡，实力雄厚，并且当时有名的水镜先生、诸葛亮及庞统等奇才都在其境内，可谓占尽天时地利人和，理应有所作为。但因其不能识才，几名奇才得不到赏识和重用，最后纷纷投奔了别人，其本人也落得个身丧子降、基业断送的下场。相反，刘备却因慧眼识才，先得徐庶，后得孔明、庞统，从而成就了一代霸业。

要有聚才之力。能否千方百计地吸引人才，组成一个“聚才磁场”，并通过这个“磁场”的“辐射”，打造一个多层次的聚才圈，这是管理者能力强弱、水平高低的表现。“良禽择木而栖，良臣择主而仕”。一个真正的人才是不会轻易附和、趋炎附势的。有的人为避阿谀之嫌，甚至对管理者敬而远之。要聚到真正的人才，就必须有一种求贤若渴的精神。刘备若不三顾茅庐，就得不到孔明；萧何若不月下苦追，就得不到韩信。现实生活中亦不乏孔明、韩信之才，能否求得，关键取决于管理者是否诚心爱才，聚才有道。

要有用才之道。用人之长，避人之短，是用才之首策。朱元璋曾经说过：“任人之道，当因才授职。譬如良工之于木，大小曲直，各当其用，则无异才。夫人亦然。有大器者或乏外能，或有小能不足当其事，用人者当审查其宜耳。骅骝之才，能历险致远，若使攫兔，不如韩卢；

铅刀之割，能去腐朽，若解全牛，必资利刀。故国家用人，各因其才，不可一律也。”这充分说明，人各有长短，只有用其所长，避其所短，才能人尽其才，才尽其用，用尽其妙。

激励人才是用才的关键。古人云：“矢不激不远，人不励不奋。”一个管理者要想使自己的下属保持高昂的斗志和强大的活力，就要掌握激励人才的有效方法。一般来讲，激励可分内激励和外激励两种。外激励是指激励者利用适当的物质或精神手段来促使被激励者自觉去从事某种活动。一个人之所以能从事某种工作，并干得卓有成效，归根到底是由于内激励作用，即我们常说的由“要我干”到“我要干”。欲达此境界，以下工作是必不可少的：一是启发人的觉悟，尊重人的个性；二是给人以参与和制定某些决策的权力；三是使组织与个人的价值观达到最大程度地一致；四是使人清楚所从事活动的目的和意义；五是激励者要以身作则，充分发挥模范带头作用。

用才必须不拘一格。只要是有用的人才，就要打破地域、年龄、学历、亲疏等限制，大胆起用。要特别注意以下几方面的问题：一是要敢于用年轻的人才，即使他只有二三十岁，只要确已成熟，能当重任，就要敢于重用；二是要敢于用年纪稍大的人才，只要其身体尚好，“热能”尚足，就要合理安排，充分发挥其作用；三是要敢于用没文凭的能人，只要其能力达到了相应的水平，就不可将其拒之门外；四是要敢于用有争议的人，只要其大节不亏，就不能因其玉中有瑕而“打入冷宫”；五是要敢于用犯过错误的人，只要他认识得清，改正得好，真正吸取了教训，产生了“免疫力”，就应该一如既往，大胆使用。

用才必须以绩论人。考核制度是整个人力资源管理系统的重要环节，坚持以什么标准考核人才至关重要。为此，管理者必须把工作实绩作为考核人才，衡量其贡献大小和工作能力高低的主要标准，并将其作为晋升、奖惩的重要依据。如此考核人才的优劣，不仅可以激励人才发扬首创精神、脚踏实地工作，而且可以避免看人才凭印象、看表面、偏听偏信、主观武断等弊病，以及晋升、奖惩中的任人唯亲、嫉贤妒能、论资排辈等不正之风，从而使人才的考核奖惩做到公正、准确。

要有容才之量。容才是现代管理者重要的心理品质。一名管理者必须具备容才的肚量，才能真正做到用好人才。如果一个人能在完全放松、一点儿也不紧张和没有杂念的状态下工作，就能发挥他所应有的能力。欲使人才进入这样一种精神状态，固然要靠其自身的精神境界和自控能力。管理者使其增扩心理容量，为其创造一个宽松、和谐的外部环境也至关重要。

要有知才之明。知才，就是要了解人才、理解人才。人的心理活动是微妙复杂的，往往具有一定的隐蔽性，“顾左右而言他”、“人站对面，心隔千里”等就是这种情况的表现。那些单凭热情诚意用才而不去了解人才的愿望、兴趣、追求和喜怒哀乐的管理者是很难用好人才的。

管理者应善于做耐心细致的思想工作和坚持不懈的沟通工作。在日常的管理过程中，谈话是进行思想沟通的一个主要方式。在谈话时要端正态度和把握一定的技巧，概言之，应做到以下“八忌”：一忌“居高临下”，要平等相处，切不可要官腔，唱高调；二忌“盛气凌人”，应心平气和，切不可自以为是，出言不逊；三忌“急于求成”，应有耐心，不怕麻烦，不可操之过急；四忌“回避矛盾”，提出的问题要大胆表态，不能含糊其词，躲躲闪闪；五忌“讽刺挖苦”，要与人为善，不能无理挑剔，过于苛求；六忌“言不由衷”，要以诚相待，坦诚相见，不可表里不一；七忌“一味迎合”，必须坚持原则；八忌“文不对题”，不可毫无目标，盲目张口。做好沟通工作，是管理者的分内之事和应尽之责。一个管理者，只有把握了人才的基本情况、心理特点及其发展变化趋势，才能取得调控人才心理的主动权，才可能像园艺师运用温度、湿度和空气调控花木生态环境一样，消除人才心灵深处的冬天，使其活力之树长青，智慧之花常开。

要有护才之胆。英国文学家斯威夫特说过：“当一个真正的天才来到世上的时候，笨人们会联合起来反对他。”人才往往与世俗有格格不入的时候，因而遭人攻击甚至迫害也就在所难免。原因很简单：一是人才的真知灼见不可能被所有的人理解，难免被人当作异端邪说。《浮士德》中说：有些天才，把真理告诉世人，而自己却在绞刑架上毙命。历史上哥白尼、布鲁诺、阿基米德等都是这样的真理殉道者。二是人才若要有所作为，为了事业的需要，为了不失良机，他们不可能等每个人都赞成后再行动，这就难免被人视为“不讲民主”甚至“胡作非为”。三是人才事业心强，时间宝贵，不可能有那么多的时间对人点头哈腰，常赔笑脸，以填补无聊者的空虚，这就难免被人视为不合群甚至傲气十足。四是人才既是“鸡群之鹤”，就难免要遭到“鸡”们的嫉妒。作为一个管理者，当人才遭受打击和迫害时，是“明哲保身”，还是挺身而出呢？一个有胆有识的管理者一定会选择后者。作为一个合格的管理者，只有具备护才的勇气和与人才休戚与共的精神，才可能使人才与自己荣辱相随，患难不离。

要有育才之识。“一年之计，莫如树谷；终身之计，莫如树人”。

人才不是天才，都有一个成长和成熟的过程。仅仅知道发现和使用现有人才，而不知道育才的管理者是懒惰的管理者。很多人暂时还不是人才，但并不能因此就认为他不具备成才的素质，管理者应该给这些人创造一个有利成长的环境，给他们提供一个增长才干和表现才干的机会，以促其成才。否则，事业就会后继无人。现实中，由于有些管理者给一些人才锻炼和表现的机会不多，有时虽然用了，但由于被用者资历不够，不敢大用，致使他们的才干得不到提高，也得不到展示，一些出类拔萃者只能跟着大队伍“齐步走”。等到资历熬够了再提拔时，此时其锐气已丧失，才思已迟钝，积极性也没了。这不仅是一个人才的悲剧，而且也是其所在组织的悲剧！

要有荐才之德。“江山代有才人出，各领风骚数百年”，这不仅是人才发展的客观规律，也是大自然的辩证法。能够干出一番事业的人固然了不起，但能使自己的事业后继有人的人更加伟大。一个优秀的管理者应以全局为重，勇于把比自己强的“可畏后生”推上去，精心培养，待其“羽丰翼满”就让其从自己的肩上踩过去，接替重任，而自己则甘作一片“化作春泥更护花”的“落叶”。这样做，不仅可以体现一个管理者的宽广胸襟，而且对事业的发展也极为有利。

一个想赢球的队长是不会把一个比自己更强的队员排除在球队之外的。同理，一个以事业为重的管理者也是决不会把比自己强的人踩于脚下的。

让大家朝着同一目标前进

32．你是一家公司的老板，新的一年开始了，为了鼓励员工完成公司制定的销售额目标，你会怎么做？（　　）

A．将销售额目标分解到各人，超额完成的给予奖励，完不成的予以惩罚

B．以制定的销售额目标为一个整体，不分解到人。多劳多得，少劳少得

C．规定只有完成了目标销售额，大家才能得到奖励，如果没有完成目标销售额，谁都得不到奖励

这道题答案选C（规定只有完成了目标销售额，大家才能得到奖励，如果没有完成目标销售额，谁都得不到奖励），这是提醒你要让员工们朝着同一目标前进，而不是为了个人利益各行其是。

作为管理者，必须将你的目标告诉给员工，要让他们知道：我们为什么要来到这里？我们要做什么？我们聚集到一起要达到一个什么样的目的？当员工知道你的目标之后，他们就会努力去做你想要做的事情。

公司管理者给员工的目标，包括企业的短、中、长期规划，就是企业未来的远景，当然，这个宏大远景里也包含着员工的美好前程。

管理者必须能确实了解大家的期待，并且把这些期待变成具体的目标。

没有魅力的管理者，因为害怕目标不能实现，所以不能展示出令部下心动的远景。下属对这样的管理者，必然不会抱有信心。这样的工作场所自然像片沙漠，大家都没有高昂的斗志，就算是微不足道的理想也无法实现。

当然，即使有伟大的远景，如果没有清楚地规划出实现过程，也无法使大家产生信心。因此，在规划远景的同时，还必须规划出实现远景的过程。这是一个必经的过程，指的就是从现在到实现目标所采取的方法和手段。

在激励员工向目标前进的时候，作为管理者，不要忘记随时对员工提出更高的要求。试想，没有员工的自我不断地挑战，公司又何来不断地超越。有些斗志昂扬的员工更喜欢不断地迎接挑战。如果企业不能不断地提出高标准的目标，他们的潜能就不会不断地释放出来。

作为管理者，你还必须想到怎样让公司的目标吸引员工。如果是以强权或权威来压制一个人，这个人做起事来就失去了真正的动力。抓住人的期待并予以具体化，使其为了实现这个具体化的期待而努力，这就是赋予动力。因为具体化的期待是能够实现的目标。

同样的道理，企业在行动时也必须要有行动的蓝图，也就是具体的或精密的目标。如果这个具体的理想或目标规划得生动鲜明而又详细，部下就会毫无疑惑地跟从追随。如果管理者不能为部下规划出具体的理想或目标，部下就会因迷惑而自乱阵脚，丧失斗志。

拿破仑在进攻意大利之前，不忘鼓舞全军的士气："我将带领大家到世界最肥美的平原上，那儿有名誉、光荣、富贵在等着大家。"拿破仑很准确地抓住士兵们的期待，并将之具体地展现在他们的面前，以美丽的梦想来鼓舞他们。

善于管理的人，能够将大家所期待的未来远景，着上艳丽的色彩。这远景经过他的润饰后，就不再是微不足道的小事，而是形象生动的美好蓝图。大家的热情自然倍增，士气自然高昂。

建立共同目标不能靠命令，不能靠规定，只能靠周而复始地沟通和分享。必须认识到，不断地强势宣传也是可取的方式，但任何强迫性和勉强性的举措可能都会适得其反。建立共同目标不是解决某一具体问题的回答，也不是一种形式性的东西，而是必须由各级管理者和全体员工全过程、全方位、多方法、全面地将共同目标贯彻落实在生产经营和工作中。

让大家朝着同一目标前进，通往成功的路将更加平坦。

用升职来激励员工

33. 奇瑞是我国汽车行业的后起之秀，发展十分迅速。它的技术人员很多都是从东风集团请过来的。这些技术人员有的原来在东风并没有取得什么业绩。奇瑞把他们请过来后，在职务上委以重任。很快，这些技术人员就发挥所长，设计出了奇瑞的新车型，在市场上一炮打响。如果你是一家公司的老板，你从中得到什么启示呢？（　　）

A. 要善于挖掘人才，为我所用

B. 这些技术人员之所以在两家企业有不同的表现，关键在于奇瑞新的管理体制比东风旧的管理体制更优越

C. 升职是对员工很大的激励，可以让他们更能发挥自己的工作积极性和潜力

这道题答案选C（升职是对员工很大的激励，可以让他们更能发挥自己的工作积极性和潜力），这是提醒你要注意用升职来激励员工，满足他们的重要感。

一家好的公司不能只是给员工薪酬，还要给员工实现理想的发展前景。一家知名企业在招聘人才时，首先问求职者希望公司能给他什么；

然后告诉求职者，公司不会只给薪水，还会给很多隐性利益。所谓隐性利益就是前途和发展，它往往比薪水之类的待遇更有吸引力。

从某种意义上讲，让员工在工作中获得发展，比单纯获得金钱更有吸引力。因为员工总是想让钱变得更多，而只有好的发展才能获取更多的金钱。当员工感到自己在工作中的水平提高了，有赚更多钱的信心和能力时，他们对企业的感激才会是发自内心的。而当员工具备升职的能力时，此时升职的机会及时降临，员工获得的激励最大。也只有这样，才能激励员工为企业的发展而努力工作，并提高员工忠诚度。

在英特尔，不论员工是否已经为晋升做好了准备，他们往往直接被授予更高的位置，让有能力的人迎接更大的挑战。英特尔前CEO葛洛夫的看法是，重点在于一个人的学习速率，而非他的经验。学习速率快的人，一旦授予更高的职位，给予他更大的挑战，他便会以更快的速率学习，往往就能快速达到目标。举例来说，当盖尔辛格负责486晶片开发计划时，他年仅27岁，只有少许的管理经验。葛洛夫认为他是合适的人选，因为他有深厚的科技知识作背景，同时他有一颗不断学习的心，会主动吸收所需的新知。他成功地带领486晶片开发团队完成了计划，在后来的岁月中，他也以这样的特质完成了更多的挑战。盖尔辛格的职位很快地往上升迁，在1997年，他已经成为英特尔桌上产品部门的副总裁了。

另一个例子是辛格，一位奔腾微处理器开发团队里优秀的工程师。他对设计新的开发工具做出了绝佳的贡献，于是葛洛夫让他管理设计技术组。虽然辛格并没有多少管理经验，但是他能很快地学习，不仅在技术上将设计工具的品质大幅度地推进，而且对这个组织数百人的管理也有超乎预期的表现。

对员工的升职是管理者激励人才的一项重要措施。对于公司的发展而言，提拔员工是保证公司的发展后继有人。从员工的成长和前途来说，升职，既意味着自己的能力和努力得到认可，同时也意味着个人的前途、薪金有着比升职前更好的境地。

管理者在给员工升职时应当遵循两个原则：第一，这个员工要称职。坚持这一原则可以避免任人唯亲，可以做到量才任职。第二，升职员工要适时。对于确有较高才能的员工，应该及时地把他提拔到更为关键的岗位上来，让他们得以尽早地、充分地发挥才干，得到成长的机会。这样可以早出人才，快出人才。有了优秀的人才而迟迟不重用，不仅对事业和员工无益，而且也留不住那些真正有才能的人。

提拔依据是什么呢？一定要根据他过去工作实绩的好坏，这是最重要的提拔依据，其余条件全是次要的。因为一个人在前一个工作岗位上表现得好坏，是可以用来预测他将来表现的指标。切忌根据个人的喜好作为提拔标准。提拔不是利用他的个性，而是为发挥他的才能。这也是最公正的办法。这种办法不但能堵众人之口，服众人之心，而且能堵住“后门”，避免员工间的勾心斗角。

有一个能力曲线可以测试员工在其岗位上的能力情况。他在这个岗位上达到了饱和之后，就很难再有增加才干的机会。身为管理者，要加强考察，研究下属在“能力饱和曲线”上已经到了哪个位置。一方面，对在现有“台阶”上已经锻炼成熟的员工，要让他们承担难度更大的工作或及时提拔到上一级“台阶”上来，为他们提供新的用武之地。对一些特别优秀的员工，要采取“小步快跑”和破格提拔的形式使他们施展才干。另一方面，经过一段时间的锻炼，对不适应现有“台阶”锻炼的干部要及时调整到下一级“台阶”去“补课”。如果我们在“台阶”问题上鱼目混珠，良莠不分，在时间上搞“平均主义”，必然埋没甚至摧残人才。如果该提升的没有提升，不该提升的却提升了，公司就会失去发展机会。

作为现代公司的管理者，要善于发现人才，把他提升到合适的岗位上。使用能力非凡的员工，将使他与公司管理者之间发生有益的互补共振效应，产生思想互补、个性互补、见识互补的作用，从而极大地提高和增强管理者的实力，使本来并非十全十美的管理者，无形之中变成一个神通广大、无所不能的“完人”。

所谓“人往高处走”，每个人都希望自己出人头地、名利双收，能够在事业发展中步步高升。用升职激励的方法可以对员工产生积极的导向作用，培养优秀员工积极向上的精神，能够激励全体员工的士气。

管理越少越好

34. 你是一家公司的老板，你公司的产品销往全国各地。为了公司更好地发展，你决定组建公司自己的销售队伍。组建销售队伍就必然涉及划分区域的问题。在这种情况下，你会怎么划分？（　　）

A. 将全国市场分为华东区、华南区、西南区等几个大区，下面再以省为单位设立分区，省下面再以市为单位设立更小的分区，层层负责

B. 以省为第一级单位，将全国市场按省为单位划分区域，各省下面再以市为单位设立分区

C. 以北京、上海、广州等中心城市为一级单位来划分区域，下面不再设立分区

这道题答案选C（以北京、上海、广州等中心城市为一级单位来划分区域，下面不再设立分区），这是要提醒你，管理并不是越多越好，而是越少越好，越简单越好。

有这样一则笑话：一块广告牌被风吹倒了，砸了六个人，其中五个是经理，另外一个是副经理。这个笑话是讽刺现在的经理太多。在管理学中有这样一个定理——管理者所直接管理的人员的数量要控制在六

个人以内，如果被管理者多于这个数字，就会导致管理的漏洞。换句话说，超过六个人就不能及时准确地进行管理。所以一般企业在多于六个人的情况下就会采取分级管理的模式，这也就是我们经常看到的金字塔状管理模式。每个中等以上规模的企业就会有大大小小不同的部门或者机构，各负其责，管理的流程是层层汇报。这样的机构设置导致了各级管理人员的增加，经理多也就不希奇了。可是这种管理模式也有明显的劣势，首先，部门之间分工不可能绝对明确。因为部门的划分更主要的是以业务为根据，业务是一个完整的流程，各个部门之间的职责肯定会有这样或者那样的重叠和缺漏。这样，在日常的工作中，如果出现问题，责任不清是常见的事情。其次，部门罗列也会造成工作效率不高，出现响应时间滞后的现象。特别是在业务方面，应该当时决定的事情往往由于逐级汇报这些烦琐的程序错过了最好的商机，这在大型企业中是屡见不鲜的。

随着改革开放的深入和国民经济的迅猛发展，我国各类企业普遍建立了现代企业制度，内部管理也日益走上科学化、程序化。尤其是一大批企业实施了ISO9000等国际标准的认证，设置了科学的组织机构，建立了质量管理体系制度，决策行为逐渐规范化、理性化。许多中、小企业特别是农村兴起的民营企业的管理从无序走向有序，从粗放转为严细，实现了发达国家历时多年的市场经济条件下企业管理的巨大变化。

但是，目前也有相当一部分企业的管理受到了管理理性主义影响，而走到了另一个极端，造成组织机构设置过于庞大、复杂；规章制度的制定过于繁细，单纯追求文件化、表面化；过分依赖流行的理论模型，决策、指挥过于追求系统化而陷入形而上学等等，影响着企业管理的有效性，制约了企业应有的发展速度。许多企业的老总们已经感觉到这个问题，他们纷纷以不同的方式提出，对企业管理尤其是文件化方面进行简化大有必要。

企业的竞争集中体现在人力资源的配置上，而配置的优化都需要企业的组织结构来实现。某些企业的人才并不差，但却受制于复杂的层级制结构。管理层次太多、效率低下的缺点消弱了人才优势。一些企业特别是一些大企业管理层次过多，管理中心下达的指令必须经过许多层次的接转才能到达生产或业务现场，并且在信息传递的过程中，由于层次多，产生误差的几率大大增加，经常出现信息失真现象。同时，过多的管理层次使管理指令不能迅速反馈，影响指挥中心和管理者的修正，给生产与管理带来负作用。

在美国等发达国家，一些出色的企业为有利于使组织灵活流动而采取化整为零的方式，即当企业各分部达到一定规模的时候，就以某种方式把它拆开，像阿米巴变形虫的分裂那样，分裂成比较小的、更容易管理的新分部。这样做不但方便管理，更重要的还能激发起责任感来。因为组织规模小，而占主导地位的核心业务又只有一项，经理们才能真正了解它并为此负责。公司的人事越精简，沟通就越顺畅，这是因为少了传话者横在其间。

什么是管理一家大型公司的正确方法呢？举例来说，对于通用电气这样的多元公司来说，如何去管理众多的事业部和成千上万的员工？应该事事过问还是下放权力？杰克·韦尔奇反复斟酌、谨慎考虑了这些问题，并且得出一个看上去自相矛盾的结论：管理越少，公司情况越好。

韦尔奇想把“经理”这个词一并淘汰，因为它意味着“控制而不是帮助，复杂化而不是简单化，其行为更像统治者而不是加速器”。

韦尔奇说：“一些经理们，把经营决策搞得毫无意义地复杂与琐碎。他们将管理等于高深复杂，认为听起来比任何人都聪明就是管理。他们不懂得去激励人。我不喜欢“管理”所带有的特征——控制、抑制人们，使他们处于黑暗中，将他们的时间浪费在琐事和汇报上。紧盯住他们，你无法使人们产生自信。”

韦尔奇以为：“对一个大型的组织来说，要保持它的效率，它就必须简化。而一个大型组织保持简化，它内部的人员就必须拥有在心理和智力上的自信。缺乏自信的经理人往往使事情复杂化，内心充满恐惧和焦虑的经理人常常会使用厚厚的、里面错综复杂的计划簿，以及“多多益善”的活页卡片，那里面几乎记录着他出生以来发生的每一件事情。真正的管理者用不着这么繁琐。作为管理者，确信组织中的每一个人——从最高层的管理者到最底层的工作人员，都能理解事业的目标。然而做到这些绝非易事，你无法相信让一个人简化起来有多困难，人们是多么地害怕简化。他们往往会担心一旦他们处事简化，人们就会以为他们头脑简单。当然，事实恰恰相反，惟有头脑清醒、意志坚定的人才是最简化的。”

大生产时代，管理效益更多取决于由个体组织起来的系统效率。管理系统好像一部机器，要求整个机器的性能良好。在机器性能达到要求的条件下，零件越少，操作、使用、维修越方便，机器的可靠性越高。大生产时代的管理，它的效率原则是“用最少的人办最多的事，多一个人是多一个故障的因素”。因为多余的人必然干扰干事的人，而且无事找事，甚至无事生非。

管理越少越好，它会使工作效率越来越高，由此，企业效益也会越来越好。

要有危机意识

35. 你是一家公司的老板，你公司抢在竞争对手之前开发出了一种新产品，市场反应热烈，销售情况很好。在这种情况下，你首先会考虑什么？（　　）

A. 积极扩大生产规模，搞好销售工作，继续扩展市场

B. 了解竞争对手动态，做到知己知彼

C. 继续进行新产品的开发，防患于未然

这道题答案选C（继续进行新产品的开发，防患于未然），是提醒你要有危机意识，要做到未雨绸缪。

企业管理者在做出任何一项决定的时候，都需要分析这会给企业带来什么样的危害，关注它的优势和劣势、机会和威胁，并紧盯“威胁”，确认它给企业带来的伤害是暂时的还是潜在的，做到心中明明白白，尽量清楚威胁点，不要含糊地只知道有威胁，而不明白究竟会造成什么样的后果。

也许某个危机隐藏存在着，但是老板、管理者却没有发现，而企业的某个员工却能及时地发现。要提倡员工敢于将企业内部存在的危机大

胆地讲出来，哪怕他讲的与老板的意愿相悖，哪怕是错误的，都必须认真地倾听，并加以鼓励，从而树立团队的危机意识。

在发现危机以后必须及时地将还处在萌芽状态的危机解决、处理掉。不能采取拖延的方式，让其发展逐渐扩大。

企业有些危机的出现不是因为发现苗头没有及时解决，也不是因为不知道那是危机，而是企业放任自己，也许是因为利润或者其他的原因，自己创造的危机。比如，有些企业为了降低成本，提高市场竞争力，就采取不正当的方式来盲目地降低成本，但是最后给企业带来的却是致命的伤害，多年的品牌经营在消费者的心目中一朝尽失。

埃克森公司是一家规模宏大的公司，在美国《幸福》杂志所列出的全美500家最大公司中，它曾名列第三位，仅次于通用汽车公司和福特汽车公司。它的业务范围曾遍布全世界。然而，一次突发事件却使该公司在企业形象和经济上遭受了巨大的损失，对埃克森来说，其教训是惨痛的。1989年3月24日，埃克森公司的一艘名为“瓦尔代兹号”的巨型油轮在美国阿拉斯加州威廉太子湾附近触礁，800多万加仑原油泄出，形成一条宽1公里、长8公里的漂油带。那里是美国和加拿大的交界处，曾是个风景如画的地方，原油的泄露使附近海域的水产业受到很大损失，纯净的生态环境遭到严重破坏。

事故发生后，加拿大和美国当地的政府官员敦促埃克森公司尽快采取有效措施，但埃克森公司方面却无动于衷，既不调查事故的原因，也不采取及时有效的清理泄漏原油的措施，更不向加拿大和美国当地政府致歉。

加拿大和美国地方政府、环保组织以及新闻界对埃克森公司这种不负责任、企图蒙混过关的恶劣态度极为不满，发起了一场“反埃克森运动”。经调查，这起恶性事故的原因是船长饮酒过量，擅离职守，让缺乏经验的三副代为指挥造成的。消息一经传出，舆论为之哗然。埃克森公司一下子陷入极其被动的境地，公司业务大受损失。仅清理泄油一项就花费了几百万美元，加上其他索赔、罚款，损失达几亿美元。另外，由于公司形象受到破坏，西欧和美国的一些老客户都纷纷抵制该公司的产品。埃克森公司曾为社会公益事业做过许多贡献，但此时都被公众抛在脑后，人们对“埃克森”的新印象是“破坏环境，傲慢无理”。

“埃克森”的这悲剧性的一幕告诉我们：一旦危机事件发生后，企业应有的态度是正视危机并认真对待。如果置之不理，企图任其自生自灭，必然会触犯公众，引起众怒。所以，危机事件发生之后，首先应在思想上予以高度重视。

管理者要有危机感，要能通过对自己情况的掌握而判断这段时期什么是我们的主要目标？我们现在有怎样的实力？又有哪些不足？将来我们应该怎样发展才能适应未来的潮流？以后我们有可能遇到什么样的困难？要能看到眼前的问题，更应该有一定的危机意识！只有不断地发现问题，并把问题及时地解决在萌芽状态，才能为将来的路踏出坚实的脚步，只有能看到将来所面临的困难，才能披荆斩棘更好地发展，为达成最终的目的和梦想拓开一条阳光大道！

1909年美国的10家最大公司，到现在已没有一家仍然在前10名之列了。在1970年，世界100家大型工业公司中美国占64家，欧洲占26家，日本占8家；而到1988年，美国降为42家，欧洲有32家，日本有15家。制造业以外的领域也存在类似的趋势。1970年全世界50家大银行中，北美占

19家，欧洲占17家，日本占24家；服务业的头10家大公司，日本独占9家。

可以看出，许多曾在各自行业里叱咤风云、独占鳌头的巨头公司，已成为明日黄花。所以，即便是大公司，除非它能在变动的市场和技术上取胜，否则终将被后来的竞争对手超越过去。

俗话说，“生于忧患，死于安乐”。意思是说，人在困苦的环境中因为容易激发奋斗的力量，反而容易生存；而在安乐的环境中，因为没有压力，容易懈怠，反而会为自己带来危难。这一句话也可以这么理解，一个人如果时刻都有忧患的意识，不敢懈怠，那么便能生存；如果沉于逸乐，今朝有酒今朝醉，那就有可能自取灭亡。

因此，人要有忧患意识。用现代流行的语言来说，就是要有“危机意识”，要“居安思危”。

一个国家如果没有危机意识，迟早会出问题；一个企业如果没有危机意识，迟早会垮掉；个人如果没有危机意识，必会遭到不可预测的不幸。

也许你也会说，“未来”是不可预测的，“是福不是祸，是祸躲不过”。既然如此，何不一切随兴随缘，何必给自己增添什么“危机意识”，这不是自我折磨吗?

没错，未来是具有不可预测性，而一个人也不可能天天走好运，正是因为如此，我们才要有危机意识，在心里及实际行动上有所准备，以应付突如其来的变化。如果没有准备，不要谈应变，光是心理受到的冲击就会让你手足无措。一个人有了危机意识，即使不能把问题消除，也可把损害降低到最小限度，为自己找到生路。

伊索寓言里有一则这样的故事：

有一只野猪对着树干磨它的獠牙。一只狐狸见了，问它为什么不躺下来休息享乐一下，现在也没有看到猎人和猎狗。野猪回答说："等到猎人和猎狗出现时再磨牙就来不及啦。"

这只野猪就具有"危机意识"。那么，人为何不能如此呢？

其实你要想的"万一"并不仅仅这些，对待所有事你都要有一种"万一……怎么办"的危机意识，并且未雨绸缪，做好准备。尤其对自己的事业，更应该有危机意识，随时把"万一"摆在心里。心里有了"万一"，你自然就会高枕无忧。人最怕的就是过着安逸日子把什么都忘了，那么这种安逸日子也好景不长。

不知你现在的状况如何，是忧患？还是安乐？忧患并不可怕，安乐得忘乎所以才可怕。

古语云："安而不忘危，治而不忘乱，存而不忘亡。"尽管这是治国安邦之策，可对于企业的管理同样适用。日本著名企业家松下幸之助在总结企业成功的经验时，特别强调：长久不懈的危机意识是使企业立于不败之地的基础。在这方面很多成功企业是极为相似的。无论是国外公司模拟"公司倒闭"的做法，还是江苏宏大集团的"失业危机日"，以及20世纪80年代后期松下、IBM、福特等世界著名厂商推行的"重新设计"的管理方式，可口可乐公司的"末日管理"，海尔的"追求卓越"和红塔的"视今天为落后"，三星电子的经营秘诀——永远抱有危机意识等等，其核心内容都是通过"人为"地制造"危机"，使企业树立忧患意识，产生危机感和责任感，居安思危，不断进取。

危机是客观存在的，难于控制，而预防危机却是主观能动的部分，是决策者完全可以掌控的。预防危机最有效的办法就是强化员工的危机意识，并把它作为一种战略纳入企业的发展规划中。

现在一些企业管理者都能意识到危机如同人总要死亡一样，几乎是不可避免的事，在面对危机时也能从容应对，这样可以最大限度地避免企业受损。可是也有不少企业把危机处理仅仅当成是决策层、管理层和个别部门的事情，而忽略了对员工危机意识的强化与培养，造成不少管理者和员工满足现状的结果，以致在危机来临时反应迟钝，延误了“转危为安”的时机。

在现行经济体制下，企业产权关系不明晰的情况是常有的，可不论是哪种产权关系，在其发展战略制定中是否认真地考虑过发展战略的执行者——员工？他们是企业价值的创造者，也是最关心衣食住行等与自己息息相关的事情的实际利益者。任何的发展战略都要组织实施，而实施的关键之一是创造一种良性循环的危机意识氛围，让员工切身感受到企业生存与发展的危机与个人根本利益密切相关，不努力去创造业绩，就会被淘汰。

从企业管理的角度说，培养员工的危机意识是一种管理手段。一方面，要使员工有压力、有危机感，要让员工感到“如果今天工作不努力，明天就要努力找工作”的压力，使员工不断努力，产生主动学习的欲望，变“要我学”为“我要学”，“要我做”为“我要做”；另一方面，员工把企业的前途与自己的前途相结合，树立团队精神，与企业休戚与共。

有危机并不可怕，没有危机才是可怕的，而没有危机意识更是可怕的。有了危机，辩证地看待、处理危机，才能使企业走上健康、可持续发展之路。危机是企业获得快速发展的源源不尽的动力。因此，企业要想快速发展，就必须从思想上有着根本的转变，强化员工的危机意识，才能防患于未然。

孟子云“生于忧患，死于安乐”，正是道出了这样的道理。但危机意识的培养不是教条的，只有辩证地运用，才能使危机意识发挥最大的管理作用。

制定正确的战略规划

36. 以前，世界饮料市场被两大巨头可口可乐和百事可乐占据。一提到饮料，大家首先想到的就是可口可乐和百事可乐。七喜汽水进入市场时，将自己定位为“非可乐”，意思是它是汽水类的碳酸饮料，而不是可乐饮料，从而避开了与可乐市场的两位大哥可口可乐与百事可乐做正面竞争。当消费者需要一种非可乐饮料时，他们一定会首先想到七喜汽水。你认为七喜汽水销售成功的主要原因是什么？（　　）

A. 成功在于创新，开发出有别于传统可乐的饮料

B. 制定了正确的市场战略

C. 抓住了市场空白点

这道题答案选B（制定了正确的市场战略），这是提醒你在企业经营管理中首先要做的就是制定一个正确的战略规划。

如果企业失败了，最大的原因可能是企业的战略错了。而只有制定并实施建立在企业未来发展竞争力基础上的战略，企业的资源、能力才能像原子弹一样，发挥其威力。

企业战略是企业面对激烈变化、严峻挑战的经营环境，为取得长期

生存和不断发展而进行的总体性规划。它是企业经营思想的集中体现，是企业经营范围的科学制定，同时，企业战略又是制定各种计划的基础。更具体地讲，战略是在符合和保障实现企业使命的条件下，在充分利用环境中存在的各种机会和制造新机会的基础上，确定企业同环境的关系，规定企业从事的经营范围、成长方向和竞争对策，合理地调动企业机制和分配企业的全部资源，从而使企业获得某种竞争优势。从企业战略制定的要求来看，战略就是充分利用企业的机会和威胁去评价企业现在和将来的环境，用优势和劣势去评价企业内部条件，进而选择和确定企业总体目标，制定和选择实现目标的行动方案。

公司战略之所以重要，是因为它要解决影响组织未来发展的最重要、最基本的问题。当一个组织在战略上出现严重失误时，它可能要承担破产的后果。如果一个组织制定并实施了正确的战略，那么它将从中受益。例如，20世纪90年代中期的情况就是IBM公司受到破产的威胁。同样，惠普公司由于制定了切实可行的公司战略，从而显现出繁荣发展的气象。这两个案例说明了公司战略的一些本质特征以及它为何如此重要。

企业如果没有战略，就好像没有舵的轮船，只会在原地打转。有战略的企业和没有战略的企业在经营效益上是大不相同的。一些企业现在没有战略或者没有明确的战略，经济效益也很不错。然而，经济效益来自于企业管理者很好的思考，并不等于企业管理者真的没有战略。就像很多著名的企业一样，企业的良好效益离不开高层管理人员对企业形势所做的充分地分析，所以说企业管理者是有战略的，只是没有明确地提出，或者说没有将战略写在纸上。对于战略，最根本的问题是要考虑到环境和市场的变化，高层管理人员需要有自己的新思路。

以日本汽车成功进入欧美市场为例。人们往往惊叹于日本的小汽车长驱直入欧洲和美国市场，实际上日本汽车公司早就制定了在石油短缺情况下的发展战略，同时尽量开发小型节油汽车。而在20世纪60年代末，美国汽车工业的“三巨头”——通用汽车公司、福特汽车公司和克莱斯勒汽车公司几乎是不约而同地做出集中生产体积大、耗油多的小汽车的决策。然而，在不久之后爆发的“石油危机”的侵袭下，这三家企业正在实施的战略计划被冲得支离破碎，根本应付不了市场的突变。欧洲市场也是类似的情况。此时，日本将早已研制好的轻型节油小汽车大量投放欧美市场，它们如鱼得水，一举攻占了欧洲和美国市场，并登上了世界小轿车市场霸主地位。随后，日本企业又相继在家电、摩托车市场等领域以优质低价的产品一举成功地战胜了欧美企业。

同样，人们曾对“石英技术誉满全球”的日本手表厂家的广告称赞不已。实际上，钟表王国——瑞士早在20世纪60年代末就研制成功了世界上第一只电子石英表，但瑞士手表厂商曾认为这项技术发展前途渺茫，因此并未加以关注。相反，敏感而精明的日本人经过多方面的市场、技术论证，认为这是个大有作为的手表新领域。于是他们当机立断，充分利用已有的雄厚的电子技术实力，生产大量的电子石英表投放国际市场。仅用了几年时间，日本手表厂商就替代了钟表王国瑞士手表厂商的市场地位。

战略是关于未来的，无论是好是坏，但未来难以预料。因此，公司战略在很大程度上都是建立在一系列假设、前提与信念的基础之上，这些假设与信念涉及公司面临的社会与商业环境，公司任务以及为完成该任务所需的核心竞争力等。

过分乐观的看法很常见，比如新的管理者常常认为自己有一个更好的主意，并且总是急于证明自己的直觉是正确的，甚至不惜孤注一掷。一个相当不错的想法，由于建立在一系列有问题的前提基础之上，则可能无法变成现实。

公司战略由于过于脆弱以致无法维持这种竞争优势，这不是因为它们刚开始的前提假设就是错的，而是因为虽然它们看起来完美、合理，但之前的假设被事先无法预料的事件所推翻。

市场情况并不会长时间一成不变，它总是随着条件的变化而发生相应的变化。因此，公司战略的前提与重点都要随之改变。市场条件出其不意的改变与新技术的出现，常常会使设计得很好的计划与战略被破坏殆尽。

在每个行业中，总是有好几个市场战略可供公司挑选。因而，战略重点在于要选择一个能够为该公司自己所独有的市场战略。

战略就是选择，只有当一家公司选择了一个富有特色的（也就是说与众不同的）战略定位时，它才可能取得成功。

战略性失败最通常的原因就是公司没有能够在这方面做出清楚而明确的选择。一家公司不可能为所有的人做所有的事，它必须选择该做什么和不该做什么，也就是要找到自己的定位。

显然，要做出决定，公司首先要确定选择范围。先要列出尽可能多的可选择项，然后从中找出自己所寻求的特定选项。

在研究出一系列可供挑选的战略之后，公司就必须下定决心选择究竟要做什么。这就意味着，每个想法都必须经过评价（根据一些准则），并且决定准备追求什么、放弃什么。

要做出选择是很难的。在选择时，没有人知道这个想法是否能实现，也没有人知道所做出的选择是否就是最合适的。

公司最终都必须选择走其中一条路，尽管做出的选择可能会被证明是错误的。但缺乏确定性并不能成为犹豫不决的理由。公司不但要确定准备做什么，还要明确准备不做什么。可能最糟糕的战略性错误就是，选择了某种战略，却又因为要“保持选择的开放性”而去做其他的事情。

成功与否不在于你拥有宏伟的蓝图，而在于你是否选择了正确的方向。方向错了，你的规划再严密、员工再努力、远景再美好，那也是枉然。失败之后不反思自己荒唐的战略选择，反而责怪员工不够聪明，这样的管理者在生活中其实并不少。

把事做对的前提是做对的事。也就是说，只有在正确的战略目标指导下，采取正确的方式，才有可能获得最优的结果。因此，管理者在进行战略部署时，务必使每一项决策都符合本企业的战略目标及使命，而非仅凭直觉。

唤起员工的竞争意识

37. 你是一家企业的老板，你准备在公司提拔一个人做你的副手。经过仔细考察，你发现有三个人符合条件，而且这三个人在能力上都不相上下，工作经验也都很丰富。这三个人中有一个是和你关系很好的朋友，有一个是在公司工作了很久的元老。在这种情况下，你会怎么选择？（　　）

A. 选择你的朋友

B. 选择那位公司元老

C. 让三个人进行竞聘，谁表现好选谁

这道题答案选C（让三个人进行竞聘，谁表现好选谁），这是提醒你要唤起员工的竞争意识，提高他们的工作积极性。

我们正处在一个竞争的时代。管理者必须重新界定自己和企业的地位。

管理者应向部属说明竞争力的重要性以及竞争可促使企业创造高效能的作用，与部属一同努力，找出竞争者，勇敢迈进，超越同行！

竞争不会自动消失。管理者只要勇于竞争，而非对抗竞争，必能在这个充满组织改革与变动的时代，安然存活。

因此，在对下属的管理中，管理者引入竞争的机制，让每个人都有竞争的意识并能投入到竞争之中，组织中的活力就永远不会衰竭。

因为每个人都有上进心、自尊心，耻于落后。竞争是刺激他们上进心最有效的方法，自然也是激励员工的最佳手段。没有竞争，就没有活力；没有压力，组织和个人都不能发挥出全部的潜能。

一般人都有不服输的竞争意识，竞争心因为人不同而有强弱的分别。竞争心弱的人，其心中也总潜伏着一份竞争意识。如果没有强劲的对手，竞争心就会消失，做起事来也比较懒散；若有了强烈的竞争心，则工作起来会更有干劲。

竞争虽然能提高工作效率，但过度的竞争则会使彼此感情恶化，实非好办法。在创办事业的过程中，如果人际关系不够好，则会事倍功半，故要使人竞争，那一定要在公平的情况下加以指导。对个人来说，应指导他们以前辈为目标，努力超过他们，并不是要以优秀的竞争者为对手，这才是好方法，才会使其提高工作动力。

生活需要激情，否则日子只会是简单的重复；企业也是需要激情的，否则也不可能有快速的发展。如何鼓励员工的士气，将是企业管理者永远要考虑的问题。一个企业或组织也像人一样，具有整体的精神面貌，正所谓“气实则斗，气夺则走”。而且这种精神面貌在员工之间相互影响，形成一种相对稳定的精神惯性。让你的员工形成向上、进取、拼搏、乐观的精神风貌是非常重要的，而且这往往要比改变企业的工作环境更重要。

从前，挪威人出海捕捞沙丁鱼，虽然每次都能捕到很多，可是每次整船的鱼运回港口的时候，沙丁鱼都挤在一起，大部分变成了死鱼。渔民们只好把这些死鱼低价卖给鱼贩子。

后来，渔民们发现只要在鱼槽里放几条鲶鱼，就可以保证将沙丁鱼活蹦乱跳地带回渔港。原来鲶鱼放进鱼槽后，由于环境陌生，它就四处游动挑起摩擦。而大量的聚积在一起的沙丁鱼发现多了一个“异己分子”，自然会紧张起来，加速游动。这样一来，运到渔港的沙丁鱼自然鲜活蹦跳了。

竞争是大自然的生存法则，也是现代企业成功激励的一个原则和方式。良好的内部竞争，是激发员工的创造力和工作士气的有力保障，是成功激励的必要手段。

人是有惰性的。一成不变的安逸环境容易消磨员工的斗志，减弱员工的创造激情。当一个员工的工作激情衰减到对企业的危机无动于衷时，这个企业也就同步衰败了，这也是许多优秀企业短命的根由。在这种情况下，只有引入竞争，使公司变成象征意义上的“竞技场”，员工的潜能才会被激发出来，他们的聪明才智才会更有用武之地。在面临严峻考验时，员工才会有勇气挺身而出，接受挑战。

正如战争不相信眼泪一样，残酷的拼杀、追逐势必会造成伤亡，这就是竞争的代价。但这并不表明竞争就是恶性的。游戏有规则，良好的竞争也要讲求原则。管理者如果欲以“竞争”有效地激励员工，推进全体员工发展的脚步，绝不能让带有偏激情绪的竞争代替真正的竞争。凭着公平的竞争，有效激励员工个人以及群体的工作情绪，才能使员工的心态积极向上，有更好的表现。管理者在实施竞争策略时，一定要将竞争摆放在公平的平台之上。失去了公平的竞争不是一种健康的激励。

查尔斯·施瓦斯是美国著名的企业家，他属下的一个子公司的员工总是完不成定额。该公司经理几乎用尽了一切办法——劝说、训斥，甚至以解雇相威胁。但无论他采用什么方法，都无济于事。也就是说，工人还是完不成定额。有鉴于此，施瓦斯决定亲自到该公司处理这件事。

施瓦斯在公司经理的陪同下到公司巡视。这时，正好是白班工人要下班，夜班工人要接班的时候。施瓦斯问一位工人：

“你们今天炼了几炉钢？”

“5炉。”工人回答说。

施瓦斯听了工人的回答后，一句话也没说，拿起笔在公司的布告栏上写了一个“5”字，然后就离开了。

待夜班工人上班时，看到布告栏上的“5”字，感到很奇怪，不知道是什么意思，就去问门卫，门卫将施瓦斯来公司视察并写下“5”字的经过详细地讲述了一遍。夜班工人听了之后想：难道我们还比不上白班工人？于是，他们鼓起干劲，一晚上炼了6炉钢，并把“6”字写在了布告栏上。

次日早晨，当白班工人看到布告栏上的“6”字后，心里很不服气：夜班工人并不比我们强，明明知道我们炼了5炉钢，还故意比我们多炼1炉，这不是明摆着给我们难看，让我们下不了台吗？于是，大家劲儿往一处使，到晚上交班时，白班工人在公布栏上写下了“8”字。

智慧过人的施瓦斯用他无言的“挑拨”，激起了公司员工之间的竞争，最高的日产量竟然达到了16炉，是过去日产量的3.2倍。结果这个平日落后公司的产品产量很快超过了其他的公司。

施瓦斯利用人们“好斗”的本性，不仅巧妙地解决了该厂完不成定额的难题，还使工人处于自动自发的工作状态。当然，最终的受益者是不言自明的了。

竞争与发展是对立统一的关系。对手越强大，自己的提高也就越快。企业之间的竞争与发展是这样，企业内员工之间的竞争与发展也同样如此。

控制好自己的情绪

38．你是一家公司的老板。有一次，你偶然听到有员工在一起谈论，说公司正处在危机中。而事实上，这是你的竞争对手散播的谣言。这时，你会怎么办？（　　）

A．大发雷霆，对这种扰乱军心的行为坚决予以处罚

B．怒气冲冲，事后找竞争对手算账

C．召集员工开会，澄清事实，并以翔实的资料来证明公司的真实情况

这道题答案选C（召集员工开会，澄清事实，并以翔实的资料来证明公司的真实情况），这是提醒你要控制好自己的情绪，发火是解决不了任何问题的。

人是一种具有思维和感情的动物，所以每个人都有情绪的波动，这也是人和其他动物的不同之处。不过，现实生活中有人控制情绪的功夫堪称一流，喜怒不形于色；有人则说哭就哭，说笑就笑，当然，说生气也就生气！

不能控制情绪的人，往往给人一种不成熟或还没长大的印象。

你如果能恰当地掌握你的情绪，那么你将在别人的心目中呈现一种“沉稳、令人信赖”的形象，你虽然不一定能因此获得重用，在事业上很快就有很大的发展，但总比不能控制情绪的人好。

人活于世，做人做事若能“率性而为”，那人生就没什么好遗憾的了。问题是，你不是天地间惟一的存在，可以想做什么就做什么，而别人也不可能为了你而存在，对你一切都言听计从。人的一生中，总会遇到许多人际关系和事业上的不如意，这些不如意需要以智慧和耐心去解决，而不是靠你一时的喜恶和发脾气去解决。

所以，无论在事业上还是人际关系上，遇到不如意时，请别说“只要我喜欢，有什么不可以”，而是应该：忍耐！掂量轻重，然后再做出决定。

里奥·梅铎博士在他的著作《愤怒》中写道：“一个极度成熟的男人必能完全控制自己的情绪。”

一天，美国陆军部长斯坦顿来到林肯那里，气呼呼地对他说一位少将用侮辱的话指责他偏袒一些人。林肯建议斯坦顿写一封内容尖刻的信回敬那家伙。

“可以狠狠地骂他一顿。”林肯说。

斯坦顿立刻写了一封措辞强烈的信，然后拿给林肯看。

“对了，对了。”林肯高声叫好，“要的就是这个！好好训他一顿，真写绝了，斯坦顿。”

但是当斯坦顿把信叠好装进信封里时，林肯却叫住他，问道：“你干什么？”

“寄出去呀。”斯坦顿有些摸不着头脑了。

“不要胡闹。”林肯大声说，“这封信不能发，快把它扔到炉子里去。凡是生气时写的信，我都是这么处理的。这封信写得好，写的时候你已经解了气，现在感觉好多了吧，那么就请你把它烧掉，再写第二封信吧。”

管理好下属的前提是管理好自己，组织行为学上称之为“自我监控能力”。上文中林肯控制情绪的方式不失为培养自我监控能力的一条有效途径。

有着健康自我的人不易因遭逢不幸而导致心情颓丧，进而发泄自己的怒气；因遭到陌生人或朋友拒绝而引发怒气，愈是头脑冷静的人愈能控制得住自己。

要控制好自己的情绪，就必须要有一个积极的心态。在看待事物时，应考虑生活中既有好的一面，也有坏的一面，但强调好的方面，就会产生良好的愿望与结果。当你朝好的方面想时，好运便会来到。积极心态会帮助你克服所有的消极心态，给你实现自己愿望的精神力量。积极心态是当你面对任何挑战时应该具备的“我能……，我会……”的心态，积极心态是迈向成功不可或缺的要素，积极心态是成功理论中最重要的一项原则，你可将这一原则运用到你所做的任何工作上。

一个成熟的管理者应该有很强的情绪控制能力。当一个管理者情绪很糟的时候，很少有下属敢向他汇报工作，因为担心他的坏情绪会影响到对自己工作的评价。这是很自然的。一个高层管理者情绪的好坏，甚至可以影响到整个公司的气氛。如果他经常由于一些事情控制不了自己的情绪，有可能会影响到公司的整体效率。从这个意义上讲，当你成为一个管理者的时候，你的情绪已经不单单是自己个人的事情了，它会影响到你的下属及其他部门的员工。你的职务越高，这种影响力越大。

当管理者在批评一个员工时，也要控制自己的情绪，尽量避免让员工感到你对他的不满。为了避免在批评员工时情绪失控，最好在自己心平气和的时候找他谈话。另外，有些优秀的管理者善于使用生气的方式来进行批评，这种批评方式可能言语不多，但效果十分明显，特别适用于屡教不改的员工。这种生气与情绪失控不同，它是有意的，情绪处于可控状态。

虽然控制情绪如此重要，但真正能很好地控制自己情绪的管理者并不多，特别是对于性情急躁和追求完美的管理者而言，控制情绪显得尤为困难。

有一个简单的方法可能会对控制情绪起到一些作用。当你非常气愤的时候，可以这样做：默念数字，从1数到20，然后再到户外活动5分钟。慢慢地，你会发现情绪平静多了。

审视一下你的性情，如果不好，那就改改，更不能任着自己的坏性情随意而为。

乐于听取不同的意见

39. 你是一家公司的老板。有一次，为了制定一个方案，你召集下属开会。会议上大家各抒己见，共同制定了一个计划。这时，有一个下属提出不同意见。你告诉他，有反对意见可以保留，但目前就照这个计划办。会议后，那个人再次找到你，提出对计划的不同意见。在这种情况下，你会怎么办？（　　）

A．再次重申有不同意见可以保留，目前必须照这个计划办

B．坐下来再认真听听他的意见，可能计划真的有不妥之处

C．告诉他，你会认真考虑他的意见，叫他暂时先按计划办

这道题答案选B（坐下来再认真听听他的意见，可能计划是有不妥之处），这是提醒你要乐于听取不同的意见，哪怕是反对你的或者是你不爱听的意见。

企业界有这样的名言：如果一项事业上的两个合伙人在每一件事情上都持相同的意见，那么有一个是不必存在的。能够接受不同意见或是愿意提出和别人不同的看法，提出更好的结果，都是值得管理者拥有的品质。

通用汽车的老板也曾因为每一个董事都同意他的提案，而决定暂缓执行某个案子。他认为，如果没有一个反对的意见，就表示大家还无法预见可能潜在的问题，如此没有准备就贸然执行的案件太危险了。这表明：有人和你唱反调是一种福气。

现实中，很多企业管理者都愿意听好话，喜欢别人奉承，而对于一些与自己相左的意见不太欢迎，甚至遇到一些反对意见时他们就会大为光火，认为这是下属跟自己唱反调，对管理者不敬的表现。他们一意孤行甚至铲除异己，这样的现象并不罕见。更有甚者，他们表面上征求大家的意见，欢迎提出反对的声音，事实上他们心中的主意早已拿定，根本不会理你的谏言，万一你的意见与其发生冲突，或是有一点点棱角，接下来你就“有的受”了。

身为一个企业管理者，决不能当“孤家寡人”，而必须善于通过沟通听取不同的意见，特别是要听得进反面的声音。只有这样，才能避免形成一种“擦鞋”和“一言堂”的企业文化，才能增强每个员工的参与意识和工作责任感，增加企业的凝聚力和向心力。

上司的职责虽是教导下属的工作，但若凡事均由上司单向教导，下属凡事皆受命于上司，那真使双方感到有点喘不过气来。毫无疑问，有些下属或晚辈也具有优于别人的一面。

有些管理者也不喜欢下属反对他的意见。如果恰巧有四五种不同的看法同时提出来，他往往会觉得焦头烂额，不知所措。最好的办法也不过是说：“今天有许多很好的意见被提出来了，因为时间关系，会议暂时就到此为止吧！以后找机会，大家再好好讨论。”想尽办法要追求他心目中的“人和”。

这种害怕反对意见的管理者，忘记了一件最重要的事，那就是：一致的意见不见得就是最好的。

假如下属对你的方案没有异议，并不能证明此项提案就是完美无缺的，也许别人只是不好意思当面批评你而已。这时做管理者的，切不可沾沾自喜，应该尽量鼓励别人发表不同意见。

独裁在任何组织中都是值得怀疑的，因为每件事都依赖于惟一的决策者的正确判断，独裁造成的信息不充分，直接影响着决策的效率和成效。而且，独裁会引起强烈的反感。所以，作为老板应当采取一种比较灵活的方法，认真听取同伴或下级提出的不同意见。

要想使公司员工拿出最佳表现，他们必须得到尊敬。这种尊敬必须是真实、发自内心、始终如一的，它应该使各个层次的来自各种背景的所有员工感到他们的独特贡献得到了承认，并且对公司的成功是至关重要的。这种尊敬不能由空谈表现出来，它应该通过看得见的行为表现出来。表现方式之一就是鼓励员工表达他们的想法，耐心倾听，提供反馈，并将这些想法融进公司的管理过程中去。

畅所欲言，不仅能使下级受到尊重，自由地发言，也可以减少心理上的压迫感，将心里想说的话全都说出来，能有一种快感及解放感。

能够对上司直言的部属，都是对工作很热心、认真的。如果可使他们安心顺意，并形成能自由交谈之气氛的时候，你的公司自然显得朝气蓬勃。

善于让每个人畅所欲言，是企业走向成熟的根本途径。日本富士电机制造公司正是因为深谙此道，才不断发展，成为世界的名牌公司。该公司非常注意充分发挥每一个员工的聪明才智。近年来，平均每年全厂员工提出的改进工作的建议达99项，占日本第一。而且这些建议数的计算只限于实现以后有效果的建议，那些只提想法，没有付诸实施的，或者实行之后没有效果的建议则不计在内。

倾听员工们的不同意见，向员工们学习，让员工更多地参与公司事务的决策，这样员工们就会变得更加尽责，他们也会被视为公司不可或缺的一部分。

在这种工作经历中，公司的言行一致，员工的信任感在这个过程中不断增长，智慧的火花不断迸发。过去只被要求贡献时间和双手的人们现在感到他们的头脑和观点也开始备受重视了。在听取他们想法的过程中，每个人都更加清楚地认识到，越是接近于具体工作的人就越是看得透彻。

把员工当成主人，倾听与学习员工的意见，收获往往让人吃惊。

当企业中有人不愿听取不同的意见时，“脑力”浪费意味着将要形成。许多管理人员不愿听取下级不同的意见，尤其是反对意见。在他们看来，不同意见就是对他们权威的挑战。事实上，有价值的观念往往在不同观念的碰撞、摩擦和融合中产生。当不愿听取不同意见时，意味着对更有价值观念的放弃。

好的管理者不能只听自己喜欢听的，做自己喜欢做的，而是要看大家喜欢做什么，大家要做什么。在一个集体当中，避免不了出现不同的声音，那就要求管理者要善于听取不同的意见，要善于纳谏。我们只有多听取不同的意见，才能多方面、多角度地去分析问题、看待问题，为我们所要做的决策提供一个比较正确的借鉴。如果你只能听好听的，不能听不好听的，那么，你的管理一定有很大的问题，而你的团队当中的这种不同的建议声越大，有可能就说明你所做的一些事是违背了集体原则的，是和集体利益相矛盾的，是不符合大家意愿的。

管理中应该发扬民主的作风，广开言路。每个人都有自己独特的成长经历，每个人对问题的看法都会有不同于他人的观点，何况事物本身也是因人而异的。我们广泛听取不同的意见，就会对状况有个全面的了解。堵塞言路，就会造成“不知庐山真面目，只缘身在“自我”中”。

一个好的企业管理者应该做到民主管理，善于听取不同的意见和心声，只有这样，才可以避免经营决策的失误以及不会让自己孤立起来。

管理，重要的是体制的建设

40．你是一家私营企业的老板，为了扩大企业规模，让企业更快地发展，你兼并了一家濒临破产的国有企业。为了让这次兼并发挥它应有的效果，你会怎么做？（　　）

A．将不符合要求的员工辞退，节约成本，提高效率

B．淘汰所有老、旧设备，引进新的生产设备

C．选派富有管理经验的管理者去接管这家企业，建立新的管理方式

D．改变原有的生产、分配方式和所有权制度

这道题答案选C（选派富有管理经验的管理者去接管这家企业，建立新的管理方式）、D（改变原有的生产、分配方式和所有权制度），这是提醒你要重视管理体制的建设，而不是用直觉或者是简单的规章制度来进行管理。

不管战略如何高明，如果想要取得理想的效果，都必须得到很好地执行。但是，战略的实施并不是在真空中进行的，而必须在管理者创造的“体制环境”中实施。正是体制环境才导致那些我们在公司中观察到的行为的发生。因为，为保证员工做出所期望的战略性行为，公司首先

必须创造出合适的环境，也就是一个能够推动与支持所选择的战略的环境。

通常情况下，公司中个人的行为并不是最优的。比如，他们不像我们所期望的那样以客户为导向并且富有创造性。对于这种情况，正确的做法就是批评他们，让他们发现问题并加以改之，同时鼓励他们，让他们做得出色一些。如果这样也没有效果的话（这是经常出现的情况），我们就会解雇他们，因为他们做得不够好。

如果我们这样做的话，就会忽视了一个潜在的问题：公司里的行为是以其原有的氛围与环境为条件的。如果我们想让员工们更富有创新精神，就应该创造出一个激励创新的环境。责怪或者解雇员工都于事无补。首先要了解问题的实质，并且为我们想要得到的行为创造一个适宜的环境。如果某个公司想要实施某个确定的战略，就必须了解这个问题："要实施这个战略，我们需要什么样的文化、激励、结构以及人事制度？"

换句话说，要制定一个正确的战略，公司不能仅仅考虑客户、产品与措施。它还必须决定创造什么样的环境以及究竟如何创造这个环境，以此来帮助战略的实施。这就是体制的建设。

如果行业条件迫使公司改变战略方向，公司内部的体制环境也应该随之改变。当然，这是极为困难的。我们不仅要改变组成体制环境的单个因素，而且还要将它们组合起来，形成一个全新的体制环境，以适应新的战略。

有七只猴子住在一片森林里，它们一起出去觅食，然后回来一起分配食物。

要命的是，采摘来的食物每天都是不够的。一开始，它们抓阄决定谁来分配，每天轮一个。于是乎每周下来，它们只有一天是饱的——就是自己分配食物的那一天。

后来它们开始推选出一个道德高尚的人出来主持分配的事情。强权就会产生腐败，大家开始挖空心思去讨好主持者，贿赂它，搞得整个小团体乌烟瘴气。

接着，大家开始组成三只猴子的委员会及四只猴子的评选委员会，他们互相攻击扯皮，有些食物在争吵拉扯的过程中被糟蹋了，吃到嘴里的食物寥寥无几。

最后这些聪明的猴子终于想出来一个方法：轮流分食，但主持分配事宜的猴子要等其他猴子都挑完后拿剩下的最后一份。

为了不让自己吃到最少的，每只猴子都尽量分得平均；就算不平均，也只能认了。大家和和气气，日子越过越快乐。

一个企业中如果有不好的工作习气，一定是机制问题，一定是没有完全公平、公正、公开，没有严格的奖勤罚懒。如何制定这样一种制度，是每个企业都必须思考的问题。

它强调的是在企业活动中，应该建立一种能够使广大员工的自觉性、能动性都得以充分发挥的制度机制。这种制度能促使员工实施自我管理。

海尔集团是个比较年轻的企业，17年前，它亏损147万元，面临倒闭的危险。可是，经过这些年的奋斗、创新、发展，它的销售收入达到406亿元，出口创汇从零达到2.8亿美元。如今，海尔已经向全世界亮出了自己的“中国造”，形成了国内销售、国外销售、国外生产各占1/3的创国际名牌的格局。海尔的成功，离不开其科学的管理制度。去过海尔的人无需仔细体会，就能看出海尔员工与众不同的素质。比如，工人走路都靠右行，因为厂里规定，在厂区内行走和在马路上一样；员工下班时必须将自己的座椅归位，否则会被罚款；员工在餐厅用餐后都主动用桌上的抹布抹去垃圾并倒掉；工作日内厂区从来看不到闲杂人员；班车司机在接送员工时不能迟到一分钟，否则，职工为此付出的打的费由班车司机承担……很难想像这是一个以“曾经”不准员工在车间随地大小便”为管理条文的企业。海尔的管理模式制度从原来的13条规定到现在的管理模式，无不体现着从基础管理抓起的管理方法。正是这样循序渐进地螺旋上升，才有了海尔今天闻名于世的内部管理。

海尔的管理已经从具体的让员工被动接受的规章制度上升到了一种员工自我管理体制的层面，这是它成功的重要因素。

管理，并不是各种方法的简单相加，更重要的是体制的建设。

不要随便指责他人

41. 你是一家公司的老板，为了加快公司业务部门的发展，你指示人力资源部门招聘了几名新员工。经过短时间的观察，你认为某位新员工能力较强。刚好有一项业务工作亟须完成，而公司老员工因为业务非常忙，都脱不开身。于是，业务部门经理来请示你，打算派那位新员工去，你也同意了。谁知道，那位新员工根本不胜任这项工作，给公司造成了很大损失。对此，你认为谁该对这件事负责任？（　　）

A. 那位新员工

B. 人力资源部

C. 业务部门经理

D. 你自己

这道题答案选A（那位新员工）、B（人力资源部）、C（业务部门经理）、D（你自己），这是提醒你不要随便指责他人。因为有时候并不单是你所指责的那个人犯了错，有时候你自己也有责任。

做出任何一次批评之前，你都要三思而后行。

弄清事实是正确批评的基础。有些管理者一激动就不分青红皂白对下属进行批评，而忽略了对客观事件本身进行全方位的调查。不客观的批评会引起受批评者的抵抗，从而不会接受这个批评。

如果你把自己放在他的位置上，想想你在受到了这样的批评之后会有何感想，你就会有了答案。

管理者有时有可能感到来自雇员的威胁，感到不受欢迎，莫名其妙地想惩罚他们。不要根据自己的情绪，而要根据实实在在的原因做出反应。

家庭和工作场所不同。家庭是由有血缘关系的人组合而成的，由亲情紧紧维系着。这和以劳动契约为基础而结合的工作关系根本不一样，即使工作场所的气氛非常平稳，也不可能像一家人。在家庭中，就算再没有道理的指责，也都会因为亲情的关系而得到谅解、理解，好管闲事也不会引起反感，而在工作中，不适当的指责会给双方带来的伤害，日后不管你怎么苦心挽回，要恢复都很困难。管理者应清楚地意识到这一点。

人有年龄之差：老年人稳健持重，但趋于保守，因而常常犯“不求进取、反对改革”之错；年轻人才思敏捷、思维活跃，但活跃有余、稳健不足，常因急于求成而事倍功半，常因盲目冒进而误事成错。由此可见，人之为人，其错难免。而且，错误也各有区别。既然人的错误难免，那就不可过分求全；既然错误有别，那就应该区别对待。对一般性的错误、偶然的错误和对较好认识错误、改正错误很快的工作人员，则应不计前错，委以适职，甚至委以重任，方可起到激励的作用。

不要因失败而指责下属。这个问题也许会使一些管理干部感到困惑：失败了不指责，难道成功了反倒要指责吗？

从某种角度来说，正是如此。失败是一种令人沮丧的事情，而最沮丧的，便是失败者本人。光从这一点而言，别人（包括管理者）就不应再去指责他。成功则不然。成功是一个令人骄傲的事情，而骄傲的人，也是成功者本人。就这一点而言，任何人（尤其是管理者）都有权指出他成功中的不足之处，以免他过分沾沾自喜。

我们说不因失败而指责，不仅是出于这一点。失败的原因是多种多样的，或是办事的人主观不够努力，或是办事者经验不足，再或者是由于某些客观条件不够成熟，甚至可能是由于巧合，偶然地失败了。在所有这些原因中，除了主观不够努力尚可指责外，其他都不能简单地归罪于失败者。如果不分青红皂白，一听到或看到下属失败，就肆意指责的话，下属肯定不会心服口服的。

如果你时常指责别人，那么你会被认为是个不合群、人际关系有问题的人。

指责也会使自己的情绪恶化，看什么都不顺眼，使自己陷入自己制造出来的恶境之中。

指责也会变成一种习惯，遇到压力或不如意之事，便先指责一番，这是最可怕的事。

指责也会影响其他人的情绪，让不明真相的人心理产生波动。这会破坏工作场所的气氛，而你这种行为也必将受到指责。

指责绝不是好事，它不会为你带来正面的效益。与其整日指责，不如想办法解决问题。非指责不可，必须有事实根据，而且必须是有目的地指责，次数也要尽量减少。

记住！你管理的是一个团队

42. 你是一家公司的老板。为了激发员工的干劲，调节紧张的工作状态，你决定举办一次体育活动。下面的几种活动形式中，你会选择哪些？（　　）

A．拔河比赛

B．登山

C．篮球比赛

D．保龄球比赛

E．击剑比赛

这道题答案选A（拔河比赛）、B（登山）、C（篮球比赛），因为这几项都是集体活动，这是提醒你，你管理的是一个团队，要让你的员工培养团队意识。

每当秋天来临的时候，大雁振翅南飞万里。

在大雁万里南飞的时候，那一队队“V”字型的队伍，其实是一种非常科学的队形。

每只大雁在飞行中拍动翅膀，为跟随其后的同伴创造有利的上升气流，这种团队合作的成果，使集体飞行的效率增加了70%。

大家轮流领头，任何一只掉队，都会拼命赶上队伍，任何一只受伤，都会有两只雁留下来陪护，直至赶上南飞的队伍，大家互相照顾着前进。队伍后边的大雁不断发出鸣叫，目的是为了给前方的伙伴打气、鼓励。

明确的分工、共同的目标和彼此之间的密切配合，组成了一支“不怕万里远征难”的坚强团队。

在现代管理学上，团队管理就是将团队中一个个独立的成员组成一个坚强有力的团体，从而能够顺利地完成团队的共同目标。

团队使公司生产水平和利润增加，使公共部门的任务完成得更彻底、更有效率。这也就是团队盛行的原因所在。团队是组织提高运行效率的方式，它有助于组织更好地利用雇员的才能。管理人员发现，在多变的环境中，团队比传统的部门结构或其他形式的稳定性群体更灵活，反应更迅速，它可以快速地组合、重组、解散。

成熟的团队像一座灯塔，它为那些想通过工作分派到合适的人头上来改进决策的人提供了一种理想的做法。它的成败不仅仅取决于某个团队成员，而是整个团队的努力。

团队有一点是共同的，即需要有规章来进行自我控制。规章对于团队的成功起着关键作用，它在团队发展的最初几个月里便应该被确定下来，一旦被确立，便不能轻易更改或修正。团队规章的任何改变需要大量的时间，而且常会引起成员的不安。团队负责人在确立规章方面起着重要作用。团队通常以其成员遵守规章的程度来评价他们，最遵守规章的成员最受尊敬。越多的团队成员共同参与、努力发展团队规章，他们也越能彼此协调一致。愿意建立规章的团队也是一个愿意自律和愿为自己的行为负责的团队。团队规章不明确，往往会对其成员缺乏控制力，规章有助于所有成员的权力平等。

团队是否有成效，在很大程度上会受到团队成员对组织所持态度的影响。如果团队成员觉得团队受到了上级管理者的支持和帮助，他们就会显示出很高的能力；如果团队成员由于缺乏组织的支持而感到愤怒，他们将会限制自己所做的努力。最成功的团队通常都得到了上层管理部门的有力支持，这种支持部分表现在管理者们不仅关心团队的发展过程，而且充分相信团队将会取得成功。当上层管理者鼓励，甚至要求企业职员以团队形式工作时，团队便开始起步。缺乏上层管理部门的支持是团队失败最根本的原因。那些喜欢秩序和控制的老派人物则对团队抱否定态度。各级管理部门如果期望团队取得成功的话，就必须毫无保留地公开支持团队的种种努力。然而，当经理和管理者看到团队取得进展时，他们有时会感到害怕，甚至可能收回他们的支持。他们经常无法意识到这一点，即他们参与团队活动将会促进他们与下级之间的信任和合作，提高他们自己作为管理者的声望。

团队运作的基础。首先是形成团队，建立团队的初步工作模式，确定成员权力的大小和选择。然后是确定最佳的团队规模，安置团队成员，使新成员熟悉情况。让新成员熟悉情况是团队的责任，不是新成员的责任，所以为了让新员工能尽快胜任自己的工作，必须使其尽快地熟悉团队、团队其他的成员以及团队目前工作的情况。此外，使用替代团队成员，执行“两人同行制”，也能帮助团队成员和替代成员及时了解团队的计划。每一个团队成员都是团队另一个成员的搭档，当某个团队成员缺席时，他的搭档就负责为他搜集资料，通知他团队会议上所做的任何决定。

分配团队成员的任务。团队成员因为承担的工作性质不同而具有不同的责任，细分下来，团队的责任有：管理者的责任，团队顾问的责任，会议主持人的责任，过程观察员的责任，抄写员或记录员的责任，记时员的责任，团队成员的责任，专题专家的责任，内外联络人的责任。

必须牢记的是，内部矛盾最能瓦解团队的斗志，一个竞争对手想尽办法都没法打败的劲旅，有可能会因内部冲突而给予对方可乘之机，最后导致整个团队的溃败。

团队合作是每时每刻的合作，否则只会为他人做“嫁衣”。因为竞争对手往往就是趁着对方队员之间起冲突时发起进攻，并大获全胜的。

20世纪60年代中期，日本经济迅速发展，成为世界经济大国，企业国际竞争力跃居世界前列。为探求日本经济奇迹的秘密，以美国为首的西方国家对日本企业展开了深入的研究。

研究发现，如果以日本最优秀的员工与欧美最优秀的员工进行一对一的对抗赛，日本的员工多半不能取胜；但如果以班组和部门为单位进行比赛，日本总是会占上风。原因在于，欧美的企业是由少数人来主导的，工作由上级以命令的形式发布。在个人主义盛行、鼓励个人奋斗的欧美社会，组织内经常会发生内耗，形不成1+1＞2的团体竞争力。而在日本的企业中，员工有着强烈的归属感，故而工作勤奋认真，将全身心都投入到了企业之中，而企业则能充分发挥全体员工的智慧，注意调动员工的能动性，培养协作精神，结成坚强的团队，从而产生巨大的竞争力。

如果你考虑到和你一起工作的人，并与他团结合作，你就能走得更快、更远。有些人急于把所有的功绩都归于自己，结果连自己的目标都无法实现。一个不愿与别人分享成功的人自己也不会有多大的成就。

营造共赢局面是企业的发展趋势。你只有与自己的员工相互依存、相互合作，才能互惠互利。

对于企业管理者来说，使你的员工团结一心、相互促进，形成一支友爱互助的团队，惟一的方法，就是通过公布共同的利益，让员工们达成共识，为共同的目标而奋斗。而不是为了眼前的一点小利益发生争吵，引起冲突，损害到企业的利益。

团队中拥有不同才能的人，他们是单支箭，技艺再怎么高超、才智再怎么过人，如果没能团结起来，齐力协作，还是没法实现“箭捆”的力量，发挥不出1+1＞2的功效。

团队的协作精神对现代企业管理尤为重要，管理者只有激发员工的协作精神，维持整支管理队伍的团结合作，才能保持整支队伍的精干统一，最大限度地发挥团队的整体优势。

卓越的团队是不会把责任归诸外因的。推卸责任的消极态度与追求卓越的态度是对立的。一个追求卓越的团队会用“反求诸己”的态度来面对意外事件。他们认为自己对各种事情有所控制，因此必须对成败负责。而这也恰恰是他们能够不断取得成功的原因。

一个只有一片附和之声的团队，精力都用在向上阿谀奉承和互相勾心斗角之上，它就会像散沙一样，不堪一击。

当你的身边只有赞扬而没有一点批评的声音时，小心了，你也许在竞争对手眼里已经不值得一战了。

“团结就是力量”是永不褪色的真理。“团结”二字，对于一个企业是相当重要的。

及时改变旧的管理思维模式

43．你是一家服装企业的老总，公司产品主要出口国外。以前由于征收出口关税等政策的因素，限制了你扩大公司规模以取得更大的竞争优势的想法。现在，国家宣布取消征收某些纺织品的出口关税，这是一个加快公司发展的好机会。在这种情况下，你认为最重要的是做什么？（　　）

A．顺应政策变化，改变以前出口政策下的市场开发模式

B．顺应政策变化，改变以前出口政策下的管理模式

C．顺应政策变化，改变以前出口政策下的销售模式

这道题答案选A（顺应政策变化，改变以前出口政策下的市场开发模式）、B（顺应政策变化，改变以前出口政策下的管理模式）、C（顺应政策变化，改变以前出口政策下的销售模式），这是提醒你要及时改变旧的管理思维模式，使自己的管理思维跟上时代的发展。

一个最普遍同时又是最令人费解的企业现象是：当成功的公司面对经营环境的巨大变化时，它们经常不能做出有效的反应。面对以新产品、新技术和新战略武装起来的竞争者时，它们往往无力自卫。

为何成功的公司会走向衰败呢？经常有人认为问题在于麻痹大意，面对商业环境的迅速变化，公司无力反应，只好束手就擒。但是这一解释不符合现实，在研究那些一度繁荣又在环境变迁中奋斗过的公司时，我们发现能够表明麻痹大意的证据很少。恰恰相反，面对困境的公司管理者们总是很早就意识到威胁，并迅速对其做出积极反应，尽管这样做了，公司仍然步履维艰。

真正的问题不在于无力采取行动，而是无力采取有利的行动。一个最根本的原因是：公司的管理者沉醉于过去创造成功业绩的管理模式，他们仅仅采用过去被证明为正确的策略与行动，就像挖洞，他们所做的仅仅是挖得再深一点。

制度往往会僵化，使公司最初获得成功的新思想被一种沉醉于现状的僵化思想所取代。当公司面对的市场环境发生变化时，过去的成功模式反而会使公司走向失败。

成功的管理者不要急于问："我们应该做什么？"而是要静下来想一想："是什么在妨碍我们？"

麦当劳就是这样一个例子，这家公司管理方式的僵化曾使自己对变化的市场条件反应迟钝。在20世纪90年代早期，这家快餐业巨人的经营手册有750页厚，其规定具体到每一家餐厅经营的每一个方面。多少年来，这家公司一直重视使工作过程标准化，一切活动均由总部下达指令。这使得麦当劳建立一种成功的模式，从一个市场发展到另一个市场，确保其一致性和高效率，以此吸引顾客并击败对手。

然而到20世纪90年代，麦当劳显得墨守成规了。消费者希望吃到有特色的食品和更为健康的食品，竞争者通过提供新的饮食品种来适应消费者口味的变化。然而，麦当劳对这种变化反应缓慢。它在过去的优势——一门心思重视改进大规模生产变成了它的弱点。由于饮食品种的改变要得到总部许可，这家公司就抑制了创新，拖延了行动。直到后来，公司改变了这种旧的管理模式，才有所起色。

随着技术变革的速度不断加快，企业改革的速度也在加快。在当今世界很少有什么可以确定，除了这点：如果一个组织不能对变化以及变化带来的市场机会做出足够快的反应，那么它将与成功失之交臂。

当今最成功的公司针对自身的优势采取变革，只要有新的挑战出现就立即做出反应，甚至对市场、产品开发及资源需求的变化做出预测。可以理解的是，公司越来越多地借助于新的领导和管理模式，来帮助它们跟上不断加速的变化。

遗憾的是，许多组织不能迅速对市场的急剧变化做出调整，因为它们发现自己被陈腐的等级和森严的管理制度束缚住了。那些被僵化的政策、程序所困，并对员工的巨大潜能视而不见的公司，只能丧失其竞争力。

目前，有许多企业普遍对管理变革存在着认识误区和困惑。多数企业认为，企业有了问题才需要进行管理变革，更多的人则是把管理变革当成是一剂扭亏为盈的药方。事实上，管理变革的最终目的，并不仅限于扭亏为盈等短期行为，更重要的是通过变革，企业能够对变化万千的外部环境做出快速的反应，以确保企业能在激烈的竞争中保持优势。因此，每个企业，不论其效益是否显著，在行业中成绩是否斐然，都需要持续性地做出变革的行动。

一座破旧的庙里住着两只蜘蛛，一只在屋檐下，一只在佛龛上。一天，旧庙的屋顶塌掉了。幸运的是，两只蜘蛛没有受伤，它们依然在自己的地盘上编织起蜘蛛网。没过几天，佛龛上的蜘蛛发现自己的网总是莫明其妙地被弄破了。一只小鸟飞过，一阵小风刮起，都会让它忙上半天。它去问屋檐下的蜘蛛："我们的丝没有区别，工作的地方也没有改变。为什么我的网总是会破？而你的网却没事呢？"屋檐下的蜘蛛笑着说："难道你没有发现我们头上的屋顶已经没有了吗？"

环境变了，而仍按着原来的思维模式采取行动，自然是事倍功半。

因此，身为管理者，必须有勇气改变自己的思维，尝试打破自己以往的经验。环境不同了，条件也发生了变化，经验也有落伍的可能。这个时候，管理者必须有勇气跳出以往的经验形成的管理理念。

加入WTO，给中国带来了巨大的发展机遇，它为加速中国企业与国际市场接轨，增强企业的国际市场意识，促进企业管理水平的提高等创造了十分有利的条件，主要表现在国民待遇与产业准入。WTO规则中的国民待遇原则，要求赋予国内企业和外资企业平等的国民待遇，这为解决中国企业特别是非国有企业的非平等待遇问题带来了重要契机，使中国企业面临的市场竞争环境不公平、秩序不规范等现象可望得到扭转，从而使中国提高自己的竞争力。

面对这种情况，中国企业要想在未来的市场竞争中赢得主动权，取得胜利，必须重新制定经营管理战略。要着眼于全球市场，制定国际化经营战略。同时，要从企业自身出发，进行制度、结构、技术、信用等创新，改变旧的管理理念和方式。

（1）理念的转变。培养全球化思维是中国企业实行国际化经营的第一步，应从单一面对国内市场转向面对国内、国外两个市场，自觉地将企业融入国际竞争的大环境中。

（2）管理方式的改变。要想中国企业在国际竞争中赢得胜利，仅仅依靠政府机构的改革和扶持是远远不够的。增强企业竞争能力，主要通过对旧的管理方式的改变来实现。

只有变化才是永恒的。面对时代的飞速发展，对旧的管理模式仍乐此不疲的人应该转变观念，在政策和制度上灵活变通，敢于突破以往的模式。只有这样，才能在竞争激烈的市场上站住脚，让基业长青。

追求速度，把握时机

44. 蒙牛乳业是我国乳产品行业的后起之秀，发展十分迅速。它先是在“神舟五号”载人航空飞船顺利发射的时候，推出了“航天员专用奶”的宣传口号，又在湖南卫视的“超级女声”活动如火如荼的时候赞助了这个活动。这两个举措使蒙牛为大家所熟知。你认为下面对蒙牛成功原因的分析中，哪几点是正确的？（　　）

A．及时抓住时机

B．在速度上领先于对手

C．全靠成功的广告战略

这道题答案选A（及时抓住时机）、B（在速度上领先于对手），这是提醒你在经营管理中要做到先人一步，及时把握住时机。

企业能否获得高于平均水平的投资收益率，很大程度上受企业对市场的反应速度的影响和限制。速度是企业制胜的关键，只有能迅速反应市场与客户需求的产品才有生命力。谁拥有了速度，谁就获得了主动权。

在商业竞争中，时间就是效率，时间就是生命，最具有现代产品性质的电脑软件就是一种时间性极短的产品，一旦落后于人，就会面临失败的危险。

有些事等弄清楚了再去决策，这在理论上是好的，但在现实生活里就不完全是这样了。你显然有责任得到尽可能多的事实根据，以及做出尽可能多的预测。但是在某些情况下，你必须相信自己现有的材料，这是因为：①即使是正确的决策，如果决定迟了，到最后也会变成错误的；②在许多情况下都不会有十分肯定的事。

三星公司深知，先人一手，总能抢占市场的制高点。三星公司自创业初期，就在激烈的市场竞争中摸爬滚打，探索出一套行之有效的法则——速度定律。三星公司秉承这一克敌制胜的“葵花宝典”，屡创战功。三星公司著名的“生鱼片”理论认为：一旦抓到了鱼，在第一时间内就要将其以高价出售给第一流的豪华餐馆；如果不幸难以脱手的话，就只能在第2天以半价卖给二流餐馆了；到了第3天，这样的鱼就只能卖到原来1/4的价钱；而此后，就是不值钱的“干鱼片”了。以此类推，在电子产品的开发与推广之中，也蕴涵着同样的道理：在市场竞争展开之前把最先进的产品推向市场，放到零售架上。这样，透过时间差就能赚取高额的回报。众所周知：三星公司并不是第一个“吃螃蟹”的手机制造商，但它生产的手机品种却是最多的，一年内生产了100多种款式；三星电子并非MP3闪存和数码照相机的先驱，但现在其在市场上却成为了利润可观的“领军人物”；三星电子也不是手机CDMA技术的鼻祖，但它却率先在亚洲制定了CDMA的商业化标准。

《孙子兵法》说：“兵之情主速。”

速度就是可以将有限的物资创造出无限的资源，速度代表着一个企业的动能，代表着一个企业精神深处的诉求，代表着企业综合实力，代表着公司市场预警机制与防御体系是否健全有效，决定着胜利与失败。对企业而言，速度的分类有：获取信息速度；分析信息速度；制定对策速度；行动执行速度；信息沟通速度。

时间是一项宝贵的资源，如果想得到更多的时间，那就要加快速度，现代企业的竞争从某种意义上说就是速度的竞争。

速度越来越成为企业竞争的重要手段。尤其是在计算机、软件、电信之类的行业，一个企业推出新产品、降低价格的速度几乎成了最重要的成功因素。有管理咨询公司曾对世界上不同行业中的30家成功企业做出分析后得出结论，认为这些企业依靠了三个“S”取胜:这就是Speed（速度）、Scope（选择正确的业务）以及Scale（规模）。

德国最大的一家经营电脑的连锁店VOBIS，在其鼎盛时期最为得意的手段就是：比竞争对手早几天宣布降价的信息。尽管其他计算机经销商的价格并不比VOBIS高，但其沟通的速度使大部分消费者相信，在VOBIS买到的东西总是最便宜的。当在产品、价格、服务等方面无法与对手拉开距离时，速度无疑成了企业最关键的竞争手段。

速度作为竞争手段在国内也逐渐被管理者接受，中国企业做事的速度也提高了许多。还记得20世纪80年代外国人在描述中国时用的一句套话是：中国的时钟走得慢，在中国办事情要有极大的耐心。从20世纪90年代开始，几乎再也听不到这样的言论了，取而代之的是对中国建设以及企业办事速度的惊叹。

想到了就马上采取行动，这一点很重要。我们很多人的通病，就是总希望把一切想周全了再动手。事实上，最后的获胜者往往是想到了一个主意就如同坐在了一根针上，刺得自己一跃而起。因为他知道，也许想到的主意不是最完美的，但是，没关系，马上着手执行它，不完美的部分可以在过程中一点点地改进，不能让成功的机会在等待中悄悄地溜走了。

光有速度还不够，当时机来临时，你还要抓住时机。

有这样一个广为流传的故事。

从前有个基督教徒，他相信上帝无时不在，无处不在。因此，他每天都十分虔诚地向上帝膜拜。

一次，当地突降大雨，很多地方都被洪水淹没，于是人们纷纷逃命去了。但是，这位基督徒认为，我是这么虔诚地信奉上帝，上帝应该会来救我的。因此，他没有和众人一起逃生。

不久，大水浸过屋顶，刚好有只木舟经过，船上的人要带他逃生。这位信徒胸有成竹地说："不用了，上帝会来救我的！"木舟离他而去。

片刻之间，洪水已浸到他的膝盖。刚巧，有艘汽艇经过，拯救尚未逃生者。这位信徒说："不必了，上帝会来救我的！"汽艇只好到别处进行救援工作。

一刻钟之后，洪水高涨，已至信徒的肩膀。此时，有一架直升机放下软梯来拯救他。他死也不肯上机，说："别担心我了，上帝会来救我的！"直升机也只好离开。

最后，水继续高涨，这位信徒被淹死了。

死后，他升上天堂，遇见了上帝。他大叫："平日我诚心祈祷您，您却见死不救。算我瞎了眼啦！"

上帝听后叫了起来："你还要我怎么样？我已经给你派去了两条船和一架飞机！"

俗话说：先下手为强，后下手遭殃。当时机来临，迅速把它紧紧抓到手里，这样才有可能达到目标。

节约成本是制胜之源

45. 随着年轻一族日益成为消费主体，百事可乐的“新一代选择”广告策略成功抢夺了大批年轻消费者，并用强大的明星阵容和宣传气势压倒了可口可乐。

在刘翔夺得巴黎世锦赛铜牌之前，可口可乐与他取得了联系。经过认真筛选和评估后，可口可乐看中了他的潜质，只花一个星期就签订了合同。

2004雅典奥运会期间，每天在赛事直播中反复出现的一个由刘翔和滕海滨出演的“要爽由自己”的广告。随着奥运圣火的越烧越旺，随着刘翔夺得小组第一名，并开始与欧美人竞争金牌，极大地刺激了社会的消费欲望，推动了可口可乐的品牌影响力和终端销售。此时，百事的娱乐明星广告却被人们淡忘。刘翔夺得奥运冠军后，以刘翔名字命名的“刘翔特别版”可口可乐在各地几近脱销。可口可乐反败为胜！

可口可乐的胜利不只在选择代言人上。由于打了个时间差，他们5月初邀刘翔代言时广告合约价格只有35万元一年。成为冠军后的刘翔被广告商高价抢夺，身价急升至上千万元。

问题：

（1）可口可乐这次的广告行为之所以成功，有两个原因，除了抓住了签约刘翔的时机外，第二个原因是什么？

（2）你怎样看待这第二个原因？

（3）从这个案例中，你得到什么启示？

这道题是要提醒你节约成本的重要性。

企业存在的第一目的就是盈利，企业追求的目标就是资本净利的最大化和企业价值的最大化，管理的目的也在于此。企业开展经营活动的过程本身就是不断地比较所得与所费、不断地提高投入产出比的过程。现在竞争愈来愈激烈，产品价格的下降几乎是不可改变的趋势，这从客观上决定了管理者只有在成本上具备优势才能在行业中求生存、谋发展。低成本战略目前仍然是管理者进攻和防御的最好武器，因此管理者要通过持续不断地开展节约成本活动，使企业在行业中确立成本领先的优势。

企业采用一定的措施方案来节约成本，是同利润的增加密切相关的，降低成本则意味着利润的增加。虽然降低成本能引起利润的增加，但两者并不是同比例增加的，一般情况下，成本节约的幅度比利润增加的幅度要大，即成本降低10%，利润可能增加20%，甚至更多。有人认为，增加销售量是增加利润的主要途径，但它却需要付出一定的代价。但降低成本却不需要花钱或只需要花很少的钱。所以，对于企业的管理者来说，应将增加企业经济效益的重点，放在节约成本这一环节上。由于观念的束缚，许多管理者对这个问题重视不够，没有采取相应的全面节约成本的计划，认为日常经营管理工作就够忙的了，很少有时间来进行降低成本的工作及规划。他们将工作的重点放在产品的销售等这些能直接体现经济效益的工作上，认为这样可以使企业的生产顺利进行。但是，这种工作能否真的给企业带来直接的经济效益，他们并未进行真正的研究。应当认为，销售等工作只是一种实现形式，能给企业带来真正收益的是管理环节。如果不在管理环节采取措施降低成本，就不能使企业的经济效益真正提高。

丰田汽车株式会社前社长渡边捷昭素有“成本杀手”的美誉。美国《商业周刊》曾戏称：带领日产走出泥潭的戈恩被外界称为“成本杀手”，但他在渡边面前仍是“小巫见大巫”。

节约成本是管理者的责任。事实上，节约成本与提高利润可以交互使用。如果说利润的提高是一个盛满一半水的玻璃杯，那么成本节约就是一个一半是空的玻璃杯（没有水），两者实际上是一物的两面。虽然如此，许多公司的管理者在竭尽心力试图提高公司利润之际，往往忽略了许许多多节约成本的计划。这些公司管理者通常每天被琐碎杂务缠得喘不过气来，因此只感觉到无暇顾及此至关重要的工作——节约成本。企业管理者竟然把时间花费在最不具成本、效益的事务上，这真是一件本末倒置、令人啼笑皆非的蠢事。

要节约成本，首先，必须在企业内部树立节约和高效的观念，要将市场竞争机制引入企业内部管理，让人人都感受到企业竞争的压力，要通过成本控制的激励约束机制和考核评价体系，将成本控制的结果与个人收入挂钩。其次，成本控制活动要从当前企业经营成本的突出矛盾入手，要从最有空间、最有可能取得短期效果的环节入手降低成本。比如：采购环节、处理产品积压、清理废品等。要通过透明化管理和审计监督相结合的办法解决当前期间费用高、浪费现象严重的问题，要通过设计科学合理的“销售——生产”经营机制解决生产与经营脱节的问题等等。

节约成本不是降低质量。那种以次充好、以劣充优的所谓节约成本法，是欺诈行为，是自残、自杀的做法，与真正意义上的节约成本是风马牛不相及的。节约成本的前提是保证产品质量，保证消费者的利益不受到一丝一毫的伤害与侵蚀。也就是说，企业节约成本，要向内使劲，从自己身上“揩油”，而不是从消费者身上“捞油”。

微利时代，节约必行。只有这样，才能不被激烈的市场竞争淘汰。

要有长远的眼光

46. 2005年5月1日下午3点，联想正式宣布完成收购IBM全球PC业务，任命杨元庆接替柳传志担任联想集团董事局主席，柳传志担任非执行董事。前IBM高级副总裁兼IBM个人系统事业部总经理斯蒂芬·沃德（Stephen Ward）出任联想CEO及董事会董事。合并后的新联想将以130亿美元的年销售额一跃成为全球第三大PC制造商。

2004年2月，华为公司收购SUNDAY5.01%的股权。之前在2003年12月，华为已和SUNDAY签订了价值9亿港元的合同；5月31日，华为用1000万元收购宏智科技在湖北、青海、新疆的项目的已签合同和全部知识产权。2004年11月12日，华为与汇丰等9家银行签署总值3.6亿美元的贷款协议，拟用这些资金加快开拓国际市场的步伐。

2005年6月2日上午，广州白天鹅宾馆，TCL集团近10位高层齐刷刷坐在一起，宣布年内将在全球招聘2200名具有国际化背景的中、高级经营管理人才和研发人才，打造一支“国际化部队”。从2005年4月开始，TCL就陆续在北京、上海、西安、成都、重庆、深圳、美国纽约、新泽西及旧金山硅谷等地举行现场招聘会，数千余个中高级岗位虚席以待。

问题：

（1）你认为联想、华为、TCL的这一系列行动体现了一种什么眼光和思维？

（2）你认为这种眼光和思维对企业的发展有何促进作用？

（3）其实，联想、华为收购的这些企业和部门，在收购之前都是亏损的，你认为这值得吗？为什么？

这道题是要提醒你不要拘泥于一时一地，要有长远的眼光。

现在时兴一个概念："生涯规划"。所谓"生涯规划"，就是把未来想做什么、如何做，在什么时候做些什么事等制成计划，然后按照这些计划去努力。

不过也有人根本不赞同"生涯规划"，因为未来是个未知数，不但"天有不测风云，人有旦夕祸福"，而且又常常"有心栽花花不开，无心插柳柳成荫"，因此，一切随缘反而比较好。

这种说法也有道理。不过"随缘"说起来容易，真的要达到这种境界却很难，因此面对不可知的未来，很少有人能坦然自在的。这就像在森林中迷路了一样，不知走哪条路才好。因此，"生涯规划"还是有其必要。虽然你所规划的会因主客观情势的变化而有所变化，但总比茫然不知何去何从，心里来得踏实。

世界时过事迁，千变万化。在竞争如此激烈的现代社会，原地踏步应该也算是一种退步。因为他人都在前行，而你原地不动，参照起来，你不是处于后退的状态吗？

因此，一个人不能因为一时有点小小的成绩就以为万事无忧，要时时勇于进取!

如果不满足于目前的小小成就，就会不断地充实自己，提升自己。上班的人也不忘继续学习，做生意的人也不断搜集信息、强化企业实力，这些都是在创造机会、等待机会。

小小成就也是一种成就，这也是自己安身立命的根本。但社会的变迁太快，长江后浪推前浪，如果你在原地踏步，社会的潮流就会把你抛在后头，后来之辈就会从你后面追赶过去。相比起来，你的“小小成就”在一段时间后根本就不是成就，甚至你还有被淘汰的可能。比如在10年、20年前，大学生真的很稀缺，而现在却到处都是。

一个人不满足于目前的成就，积极向高峰攀登，就能使自己的潜能得到充分的发挥。比如说，原本只能挑100斤重担的人，因为不断地练习，进而突破极限，挑起120斤甚至150斤的重担！如果一个人安于现状，他就失去了上进求变的动力。没有动力，就无法付诸切实的行动。

普通人只能看到眼前而看不到未来，一个公司的管理者应该对将来的用户有一个很好的把握。比尔·盖茨总是能够在大多数人动摇的时候执著地坚持，事实证明，他通常都是对的。当然他并非“万能的主”。也许是他在“个人计算机”时代的预见太精彩，造成了他对以往成功的过分偏爱，所以当大多数人都在谈论“网络时代”的时候，他却在相当长的一段时间里对此嗤之以鼻。直到1995年的某个时间，他才忽然意识到自己的迟钝。他的与众不同，不在于不犯错误，而是绝不打肿脸充胖子。他不认为自己永远“英明”，当他发现自己错了的时候，立即写了一个电子邮件给麾下两万多名员工。信的题目是《因特网大冲浪》，看上去像是一个新时代的宣言。比尔·盖茨在那里面说，网络将要彻底改变微软的产品。他还命令他的员工，从明天早上开始，把他们计算机硬盘上的所有软件都删掉，以便重新开始。那个早上微软公司乱做一团，很多人都不高兴，因为有很多非常赚钱的产品小组，就这样解散了。成百上千个工程师不得不跑到新的办公室去上班。但是过了没多久，所有人都承认他是对的。

在现在这个竞争日趋国际化的社会里，企业管理者拥有长远眼光的一个重要表现就是要有国际化的眼光。

“必须要澄清的是，新联想的临时总部设在纽约，绝对不是所谓妥协的结果，是联想收购时就考虑好的战略。”联想集团首席执行官杨元庆称，凡是研究过联想国际化的人都会发现，联想的国际化之路用心良苦，为了走出“销售的联想”这一固有定位，联想不惜自暴家丑，向大企业“病”开刀，并接连抛出“服务的联想”和“技术的联想”的口号，以及今天的“国际化的联想”。

针对企业国际化这个热门话题，杨元庆表示，实际上一个企业完成一个战略目标后，就必然面临增长缓慢、前景空间变小等困境，要突破发展过程中这样的“天花板”，有两种途径，即多元化与国际化。杨元庆透露，实际上在2000年时，联想就曾试图开辟多元化道路以应对日益激烈的电脑市场竞争，结果发现，中国入世后各行业的市场竞争更为激烈，国内市场日益国际化。可以说，无论联想进入哪个行业，都将遭遇到国内甚至全球该行业巨头的阻击。

“2003年，联想终于意识到，与其在不熟悉的多个领域与强者对抗，还不如在熟悉领域做大、做强。”杨元庆称，目前联想在中国PC市场已占有30%的市场份额，在一个充分竞争的市场中，哪怕要再增长一个百分点都要付出很大代价。因此，在暂时放弃多元化的情况下，联想要突破这块“天花板”，就必须实施国际化。

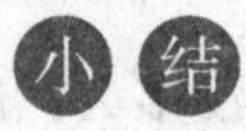

有长远的眼光，能看到未来的发展趋势，是一个优秀管理者必备的素质。

有信念才有动力

47．早在1932年，松下幸之助在向企业员工演讲使命感的时候，曾经描绘了一个在250年内达成使命的远景。其内容是把250年分成10个时间段：第一个时段的25年再分成3期，第一期的10年是致力于建设的时代；第二期的10年继续建设，并努力活动，称“活动时代”；第三期的5年，一边继续活动，一边以这些建设的设施和活动的成果贡献于社会，称“贡献时代”。第一时间段以后的25年，是下一代继续努力的时代，同样要建设、活动、贡献。如此一代一代地传下去，直到第10个时间段，也就是250年以后，世间将不再有贫穷，而是变成一片繁荣富庶的乐土。

问题：

（1）你认为松下幸之助为什么要订立这样一个规划？

（2）你认为订立这样一个规划有效果吗？为什么？

（3）从这个案例中你能得到什么启示？

这道题是要提醒你，一定要有自己的信念，这样才不会被困难和挫折一碰就倒。

人生可能平淡，可能暗淡，甚至可能遁入黑夜，所以心中不能缺少一盏灯。只有心中装盏灯，才能走到哪里都能感受到光明。信念好比人生的一盏灯。因为有了这盏灯，我们才能在困境面前摆正对人生的理解和态度；因为有了这盏灯，我们才有了正确的方向，勇往直前地走下去。

人与人之间原本只有很小的差别，但生命的质量却往往存在着巨大的差异，这其中的一个重要原因就在于你的心中有没有信念。一个人一辈子能够做自己想做的事是最幸福的，然而，决定你的未来是否幸福的一个最重要的因素是：你的心中是否充满信念。人生不能没有希望，所有的人都生活在希望之中。假如真有人生活在绝望之中，那么他只能是失败者。即使身处逆境的人，只要不失去希望，也能开辟一条活路。也许我们曾不满于自己的平庸，也许我们曾抱怨过生活的无聊，然而，当我们为自己设下目标并义无反顾地向前迈进时，只要我们不气馁、不停留，我们的生活就会掀开新的一页。给生活树立信念吧！每天朝它前进一点点，你会永远快乐的!

当索尼爱立信在2003年迅速成长的时候，“李艳”的名字也随之常常见诸于报端，这位空降的分销管理副总裁，这位操盘过蜂星电讯100亿元资本的女杰，对外界来说多少有些神秘。

李艳进商界有点偶然，1990年她从北京邮电大学通讯工程系毕业，正赶上邮电系统公司招业务员。李艳就报了名，开始了她的销售生涯。

当时李艳负责东北三省的销售，条件非常艰苦，一个女孩子坐火车带货，四处奔波，一年中有200多天在出差。那段日子让李艳最深刻地认识到“只要是市场需要的，就不能讲任何条件”。虽然艰苦，李艳却并没有退缩，因为她喜欢这种充实、这种有挑战的工作。

这种对工作的爱，这种坚强的信念，为她铺就了通向成功的路。

如很多经理人一样，在销售业绩不断上升之后，李艳逐渐转向了管理层。蜂星电讯任副总经理的职务，让李艳获得了更多的作为管理者的经验与体会。“如果你想管理多少人，你的心里就得包容多少人。你能包容，不仅包容他们的优点，也包容他们的缺点；你能包容和你一样的人，也能包容和你不一样的人。你没有这样的心胸，你就无法管理。”李艳把这种颇有儒家色彩的话作为自己的管理准则。

在进入索尼爱立信之后，李艳遇到了平生最大的挑战。“要进行渠道改革，很多的经销商会很动荡。手机行业发展到现在也面临了很多次变化，每一次大的变动，对于领先者，或是已形成了的格局，都会有一个很强的冲击。有时候会觉得非常有压力，但这个时候需要的是市场洞察力，然后去变。在变的过程中一定会遇到很大的阻力，在这变化中有可能成功，也可能失败，但是成功也许就是在你坚持到的最后，也许在你怀疑自己的方法对不对的时候，也许在你对自己没有信心的时候，曙光就出现了。真的，坚持到最后一刻，成功就会向你招手了。”

拥有信念，就拥有动力。有着悠久历史的人类，正是在信念中成长起来的。一个企业的管理者，也应该时刻提醒自己激励员工前进和进步的，是信念。人类正是因为存有着各种各样的信念，才发展到今天的地步。

管理者给员工的信念，就是公司的短、中、长期规划，就是公司未来的美景，就是员工的美好前途，甚至是富裕、文明的整个社会。

山姆·沃尔顿是沃尔玛的创始人。他1918年出生于美国俄克拉何马的金菲舍镇，是一个土生土长的乡下人。他用50年的时间，将一个小杂货店打造成为强大的商业帝国。

正如美国总统老布什在1992年授予山姆·沃尔顿美国总统自由奖章时说，“山姆·沃尔顿，一个地道的美国人，他具体展现了创业精神，是美国梦的缩影。”

每个人都期望留下一份遗产。山姆·沃尔顿留给我们的绝不仅仅是具有传奇色彩的商业数字，而是一笔泽被后世的精神财富。正是凭着他不凡的心智和坚韧的毅力，成就了不朽的商业模式。解读成功，信念使然。山姆对自己坚持不懈的信念做了如下概括：

信念一：敬业。山姆坚信，“如果你热爱工作，你每天就会尽自己所能力求完美，而不久你周围的每一个人也会从你这里感受到这种热情”。

信念二：所有同事都是合伙人，合伙人要分享你的利润。只有当同事都把他自己作为合伙人，他们才能创造出超乎想象的业绩。

信念三：激励你的合伙人。仅仅有金钱和股权是不够的。每天经常想一些新的、较有趣的办法来激励你的合伙人。比如，设置高目标，鼓励竞争，并随时进行区分；让经理们互相调换工作以保持挑战性；让每个人都去猜测你下一步的计策会是什么，但不能被一猜就着。

信念四：坦诚沟通。尽可能地同你的合伙人进行交流，他们知道得越多，理解得就越深，对事物也就越关心。情报就是力量，你把这份力量给予你的同事后所得到的益处，将远远超出把消息泄露给竞争对手。

信念五：感激你的同事为公司做的每一件事。支票与股票或者可以一时收买某种忠诚，而任何东西都不能替代几句朴实而真诚的感激之词。它们不花一分钱，但却珍贵无比。

信念六：成功要大肆庆祝，失败也不必耿耿于怀。不幸失败，也不妨穿上一身戏装，唱一首歌曲，其他人也会跟着你一起演唱。要随时随地设计出你自己的新噱头。所有这一切将比你想象的更重要、更有趣，而且它会迷惑对手。

信念七：倾听公司每一位员工的意见，广开言路。第一线的员工才是最知道实际情况的。你要尽量了解他们所知道的事情，为了组织下放责权，激发建设性意见，你必须倾听同事们告诉你的一切。

信念八：要做得比客户期望的更好。如果你这样做了，他们将成为你的回头客。妥善处理你的过失，要诚心道歉，不要找借口。顾客永远是对的。

信念九：为顾客节约每一分钱，这可以为你创造新的竞争优势。如果是高效运营，你即使犯许多不同的错误而依然能恢复元气。但如果运作效率低下，那么你可能显赫一时，最终却会败北。

信念十：逆流而上，另辟蹊径，蔑视传统观念。如果每个人都在走老路，而你选择了一条不同的路，那你就有绝好的机会。

简单朴素的信念很容易让人接受，然而真正的挑战在于，几十年如一日地、于细微之处坚守这个信念。沃尔玛公司的成功之处正是我国许多企业的缺欠所在。做企业管理，最需要的正是这种始终如一的信念。

不断创新才能立于不败之地

48．有这样一个故事：有一个推销员，非常善于推销。有个人想考考他，就对他说："大森林里空气非常清新，你有办法把防毒面具推销给大森林里的长颈鹿吗？"推销员说："能。"于是，推销员来到森林里，建造了一座工厂。工厂里机器轰鸣，不断冒出浓烟，弄得长颈鹿们不断咳嗽。这时，推销员来到长颈鹿面前推销防毒面具，长颈鹿很快就买下了他的防毒面具。临走时，长颈鹿问推销员："你的工厂到底生产什么呀？"推销员说："生产防毒面具。"听完这个故事，你能得到什么启示吗？谈谈你的感受。

这道题是提醒你要有创新的意识。

某个农夫的一头驴子，不小心掉进一口枯井里。农夫绞尽脑汁想办法救出驴子，但几个小时过去了，驴子还在井里痛苦地哀嚎着。

最后，这位农夫决定放弃。他想，这头驴子年纪大了，不值得大费周章去把它救出来，不过无论如何，这口井还得填起来。农夫拿起一把铲子，开始将泥土铲进枯井中。

当铲进井里的泥土落在驴子的背部时，驴子的反应令人称奇——它将泥土抖落一旁，然后站到铲进的泥土堆上面。就这样，驴子将铲到在它身上的泥土全部抖落在井底，然后再站上去。

很快地，这只驴子便得意地上升到井口，然后在农夫惊讶的表情中快步地跑开了！

本来看似要活埋驴子的举动，实际上却帮助了它，这种创新也是改变一个人或一个企业命运的要素之一。

杰克·韦尔奇曾说过：我们必须求新求变，不客气地面对那些来自没有耐心、顶撞体系的人所发出的挑战与质疑。预测并不是管理的全部内容。管理应该是如何对变化做出反应，如何随变革的需要而发展。管理应该是适应性的，而不是关于精确性的学问。要想成为出色的经理人，你必须要具备战略家的头脑，要有先知先觉般的敏锐和前瞻性，要敢于想别人没有想过的，敢于做别人没有做过的，才能“出奇制胜”。

许多公司的管理者认为，他们所处的行业的状况是确定的，再由此相应地采取自己的管理战略。创新者则不然，不管本行业中其他公司正在经历什么，创新者寻求创意和价值的更大扩展。

一旦一个公司创造了新的成功的管理模式，竞争对手们迟早都会去尽力模仿的。创新者最终会发现自己的增长和利润正受到侵害。为了保护自己千辛万苦才获得的优势，这些公司通常会发起反击。但模仿者总会继续模仿。如果想保住市场份额，就必须不断创新。

从某种角度来说，企业的创新就是企业的生命。在商场竞争日益激烈的时代，每一个企业的经营管理人员都必须面对成千上万的竞争者。要生存就要创新，要发展也要创新。松下幸之助所管理的松下企业就是在数十年的不断创新的过程中，才争取到一席立足之地的。

创新在于超越别人，超越对手，更在于超越自己。思维创新的最大障碍是自我，是自己头脑中的许多常规极限。因此，只有打破常规，企业才能获得超乎常规的思路和决策，才能把员工的想象力转化为企业的生产力，最终获得超常规的发展。

面对人们生活方式的改变和市场的变化，商业的生存法则迫使企业求新求变。"以不变应万变"，难免跟不上现代商业的脚步。

其实，有些企业能否适应新模式并不是技术问题，关键还是体制和观念的问题。杭州有一家叫"天胜"的老字号影楼。"天胜影楼"这个"老字号"之所以还存活，与管理者的创新意识是分不开的。从引进省内惟一的环360度转机团体照设备，创下浙江省团体照人数之最，到天胜影楼独家推出的唐服（古装）写真照，引进台资企业摄影师，实景影棚加之茗品婚纱晚礼服等，新的经营模式之于"天胜"可谓游刃有余。

海尔总裁张瑞敏说过，现在已经是信息化时代，外部变化非常之快，海尔已经不可能享有当年日本家电企业所享有的那种需求大但变化不大的企业外部环境，再走日本家电企业发展的老路是行不通的。因此，作为大型企业的管理者必须促使企业求新求变。他说，现在世界对家电的流行要求是3S，即小巧（SMALL）、有力（STRONG）、高速（SPEED），这就要求企业不断地创新。他希望将整个海尔集团塑造成为人人都要有创新精神的企业，这样企业才有活力。

同时他指出，韩国、日本的不少大型企业都是因为企业规模巨大、指挥运作失调、缺乏风险意识、误解创新意识而患上了大企业病，并最终将自己拖垮。但是更值得注意的是，中国的很多小企业也得了大企业病。解决的办法就是要通过不断地创新来强化自己的竞争力。

美国著名的约翰逊公司，长期以来都把创新部门列为一个独立部门，由一位项目经理负责，直至项目达标成为羽毛丰满的业务或是因失败而放弃。

在约翰逊公司，一位创新部门的项目经理有权动用一切必要手段，研究、制造、筹措资金、销售等。为了刺激约翰逊公司的技术全面更新，许多项目经理都成功地开发了新产品、新市场和新服务，并在此基础上建立了一个新企业，让创新人员担任企业管理者，并建立了让参与者相应地享受地位、补偿、红利和内部优惠股票等待遇的稳定机制。公司终于获得了巨大的成功。

把创新事业当作企业永远的目标。

少说“我”，多说“我们”

49. 有人说：“作为一个优秀的管理者，在提到成绩的时候应该多说“我们”，在承担责任的时候应该多说“我”。”你认为这句话有道理吗？你怎么理解这句话？

这道题是提醒你，作为一名管理者，决不能脱离团队或者凌驾于团队之上。

有个工厂的厂长，在上级管理者来工厂检查工作开座谈会的时候，他认真地汇报了工厂的宏伟规划和目前存在的困难。他说：“我今年的产值一定要超过××万元，我的利润一定要达到××万元……但我的困难很多……我……我……我……”汇报时还有他的副手、中层骨干和工人在场。汇报以后，上级管理者征求大家的意见，没有一个人作声。等了好一会儿，一个工人没头没脑说了两句这样的话：“我们没意见。管理者怎么说我们就怎么干。”这使所有在场的人都感到十分尴尬。

从某种意义上讲，在这个世界上的大部分人，最关心的首先是他自己，只是各人所关心的角度不同而已。有的人首先关心的是自己的物质享受；有的人首先关心的是公众的利益。后者为了自己光辉的人生，千方百计地反对、制止各种损人利己的行为，用毕生精力，甚至用生命来维护、创造大多数人的物质利益（当然，他自己的物质利益也包括在内）。二者都为各自的追求奋斗不止。要奋斗，就必须时刻考虑到自己的目标和计划以及所用的手段和后果等等。这就是人们总爱说“我”的原因。美国纽约电话公司就电话对话做过一次调查，看哪一个字最常使用。调查的结果，用得最多的正是“我”字。在500次电话对话当中，“我”字用了3900次。

我们的祖先为我们创造了一个美妙的词：“我们”。“我们”和“我”的区别，就是范围扩大了。管理者和下属的根本利益是一致的，把范围扩大以后，管理者及其下属都包括在内。其实，上面所说的那位厂长说的“我……我……我”，如果都说成为“我们”，本意是一样的。所不同的是，“我们”把下属的“我”都说了进去了，代表了下属的意志，能使下属高兴，能赢得下属的理解与支持。

管理者凡遇到“整体”、遇到“大伙”这些意思的时候，都应该说“我们”，而不是“我”。